492

AF637531

Merve Verlag

Donatella Di Cesare

Die Zeit der Revolte

Aus dem Italienischen von Daniel Creutz

Merve Verlag

Deutschsprachige Erstausgabe

Originalausgabe: Donatella Di Cesare, *Il tempo della rivolta*, Turin 2020.

Redaktorat: Tom Lamberty

Printed in Germany

Druck- und Bindearbeiten: Dressler, Berlin

Umschlagentwurf: Jochen Stankowski, Dresden

ISBN 978-3-96273-048-2

www.merve.de

INHALT

Meine Hoffnung ist der letzte Atem. [...]
Mein Flug ist der Aufstand,
mein Himmel der Abgrund von morgen.

Heiner Müller, Ich bin der Engel der Verzweiflung

Das Recht zu atmen

Die Revolte bricht sich Bahn, überall auf der Welt. Sie entzündet sich, erlischt wieder; breitet sich von neuem und weiter aus. Sie überschreitet Grenzen, ergreift ganze Nationen, erschüttert Kontinente. Ein Blick auf die Karte ihrer jähen Ausbrüche und unvorhersehbaren Bewegungen bezeugt ihre Intermittenz innerhalb der zerklüfteten politischen Landschaft des neuen Jahrhunderts. Ihre umfassende Ausbreitung ist intensiv, dynamisch. Diese Topographie lässt ein Szenarium aufscheinen, in dem die Konfrontation zum Kontrast wird, zu Dissens, zu offenem Kampf. Die Proteste weiten sich aus, die Akte des Ungehorsams vervielfachen sich, die Auseinandersetzungen werden schärfer. Es ist die Zeit der Revolte.

Obgleich die Feuer noch schwach scheinen und die Ereignisse flüchtig, kann die Revolte nicht mehr bloß als eine kurzlebige Konjunktur angesehen werden. In ihrem verzahnten Wechselspiel ist sie vielmehr als ein globales Phänomen zu betrachten, das von langer Dauer zu sein verspricht. Nicht einmal die Pandemie konnte sie aufhalten. Während etliche Beobachter bereits das Verschwinden der *pólis* konstatierten und dem verlorenen öffentlichen Raum nachtrauerten, betrat die Revolte erneut die Bühne – unbändig und überwältigend – von Buenos Aires bis Hongkong, von Rio de Janeiro bis Beirut, von London bis Bangkok. Die Lunte eines explosionshaften Ausbruchs wurde sodann in Minneapolis entzündet. *I can't breathe*, die letzten Worte George Floyds, die hervorgepresst wurden, als sein Peiniger nicht davon abließ, ihm die Luft abzuschnüren, haben eine emblematische Bedeutung angenommen – und zwar aufgrund einer nicht zufälligen Fügung, auf die der heimliche Synchronismus der Geschichte verweist. Dieser schreckliche Erstickungstod war jedoch kein Effekt des neuen Biovirus, der den Atem nimmt, sondern das Ergebnis eines mit Polizeitechniken verübten rassistischen Gewaltakts.

Auf einmal ist der Atem in seiner ganzen existenziellen wie politischen Bedeutung hervorgetreten. *I can't breathe* ist zur Hymne der Revolten geworden, die zugleich eine Anklage gegen den grassierenden Machtmissbrauch wie auch eine Anprangerung jenes Systems der Atemnot darstellen, das uns dauerhaft die Luft zu nehmen droht.[1] Im kompulsiven Strudel des Kapitals – jener katastrofischen Spirale, die den Atem zu einem Privileg einiger weniger gemacht hat – rückt die Asphyxie der Ausgebeuteten in den Vordergrund, die Atemlosigkeit derer, die sich dem beschleunigten Rhythmus ohne jede Pause zu beugen haben, der Verletzlichsten, die in zunehmend drückender Beklemmung ihr Dasein fristen müssen. *I can't breathe* konnte so zu einer Losung werden, die das Recht zu atmen einfordert, das heißt: das politische Recht zu existieren.

Jene perfide Tötung schreibt sich jedoch auch in eine lange Reihe von Missbrauchsakten ein, die von den Sicherheitskräften in einander ähnelnden Modalitäten verübt und zumeist unter der Bezeichnung von »Polizeiübergriffen« verbucht werden. Der verbreiteten Vorstellung zufolge existiert eine legitime Gewaltanwendung durch die Polizei, um

---

1 Vgl. Donatella Di Cesare, *Souveränes Virus? Die Atemnot des Kapitalismus*, übers. v. Daniel Creutz, Konstanz 2020.

damit auf eine vorhergehende Gewalttat zu antworten. Im Rahmen der zu befriedenden Zwecken durchgeführten Kontrollaktion sei ein unmäßiges und überzogenes Manöver dabei mitunter unerlässlich. Etwaige Diskriminierungen erscheinen allenfalls als unvermeidliche Anomalien, als Dysfunktionen innerhalb eines anderweitig fehlerlosen und regelgerechten Systems, das sich auf den Eckpfeiler der Gleichheit stützt. Ist dem aber wirklich so? Oder aber ist die Dysfunktion nicht vielmehr systemischer Natur und lässt im Grunde die Funktionsweise einer obskuren Institution hervortreten?

Die Polizeiübergriffe können gerade deshalb grenzenlose Empörung auslösen, weil sie nicht bloß als ein unglücklicher Zwischenfall erscheinen, sondern als aussagekräftige Geste, als plötzlich sichtbar werdende Spitze eines Systems der Gewalt, das konstitutiv auf Diskriminierung basiert. Auf der einen Seite die Schwarzen, auf der anderen die Weißen; hier die Armen, dort die Reichen – und so weiter und so fort. Es handelt sich nicht um eine anomale Anwendung, sondern um ein regelrechtes Dispositiv, das darauf ausgerichtet ist, die politische Ordnung zu definieren. Die Polizei zieht Grenzen, wählt aus, unterscheidet, duldet im Zentrum oder drängt an die Ränder zurück. In genau dieser Hinsicht erscheint die ökonomistische Anschauung irreführend, die in der Aufgabe der Polizei nur einen Normalisierungsprozess sieht, der darauf abzielt, den Reichtum weniger zu mehren.[2] Das Problem

---

2 Auch Michel Foucault neigt dieser Lesart zu; vgl. Michel Foucault, »›Omnes et singulatim‹: zu einer Kritik der politischen Vernunft«,

der Polizei ist jedoch vielmehr innerhalb der Ökonomie des öffentlichen Raumes zu verorten. Denn dort entscheidet sich das Recht auf Zugehörigkeit wie auch das zu erscheinen: auf der einen Seite diejenigen, die dazu berechtigt sind, Zugang zum öffentlichen Raum zu finden, sich freizügig in ihm zu bewegen, sich darin zu Hause zu fühlen; auf der anderen Seite jene, die identifiziert, eingeschüchtert und in die Unsichtbarkeit zurückgedrängt, wenn nicht sogar in Gefängnissen weggesperrt werden. Unabweisbar ist der trennende und absondernde Gebrauch der Macht durch die Polizei, eine Art und Weise, mehr oder minder brutal die Vormachtstellung einiger weniger zu festigen und die Unterschiede zu verschärfen, indem diese öffentlich zur Schau gestellt werden. Aber ist das nicht schon staatlicher Rassismus und Xenophobie?

Das soll natürlich nicht heißen, dass die Polizei gesetzwidrig wäre. Sie ist vielmehr gesetzlich dazu ermächtigt, außergesetzliche Funktionen auszuüben. Sie beschränkt sich nämlich nicht darauf, das Recht zu verwalten, sondern legt jedes Mal aufs Neue dessen Grenzen fest. Walter Benjamin sprach von dem »Schmachvolle[n] einer solchen Behörde«, die sich in jener zweideutigen Sphäre verortet, in der »die Trennung von rechtsetzender und rechtserhaltender Gewalt aufgehoben ist«.[3] Daher im Übrigen auch ihre juridische Exterritorialität, die sie sogar innerhalb der Logik der institutionellen Macht zur Ausnahme macht.

übers. v. Michael Bischoff, in: ders., *Schriften in vier Bänden. Dits et Écrits*, Bd. 4, Frankfurt/M. 2005, S. 165-200.

3 Walter Benjamin, »Zur Kritik der Gewalt«, in: ders., *Gesammelte Schriften*, Bd. II.1, Frankfurt/M. 1980, S. 179-203, hier S. 189.

Kurz gefasst: Die Polizei hält das Monopol der interpretativen Gewalt, da sie die Normen der eigenen Vorgehensweise jeweils neu bestimmt und – sich auf Sicherheit berufend – den eigenen Zugriff auf das Leben der Individuen erweitert. Ihre gewaltsame Souveränität ist ebenso unfassbar wie gespenstisch.

Eben aus diesem Grund sind die Gewaltakte der Polizei nicht als Anomalien einzustufen, sondern enthüllen den dunklen Grund dieser Institution. Sie sind wie Momentaufnahmen, die die Polizei dabei überraschen, wie sie Raum greift, Macht über die Körper gewinnt, eine neue Legalität prüft und erprobt, während sie die Grenzen des Möglichen neu bestimmt. Wenn diese Szenen großes Befremden hervorrufen und als derart schmachvoll erscheinen, dann weil sie überdeutliche Anzeichen einer autoritären Macht sind und als Beweis für die unbestreitbare Existenz eines Polizeistaats innerhalb des Rechtsstaats gelten können.

In dieser Hinsicht rücken die Gewaltakte, während sie das Wesen der Polizei enthüllen, zugleich die politische Architektur in ein grelles Licht, die vereinnahmt und verbannt, einschließt und ausschließt, kurz: in der Diskriminierung immer schon latent am Werke ist. Auf einen Schlag treten so die Grenzen der immunitären Demokratie hervor, in der die Verteidigung der einen, der Gesicherten und Geschützten, derjenigen, die nicht berührt werden dürfen, den anderen – den Ausgestoßenen und Ausgesetzten – verweigert wird, die auf lästige und überflüssige Körper reduziert werden, welche man letzten Endes loswerden kann und muss. Das Coronavirus hat die Immunisierung derer, die sich im Inneren befinden, noch ausschließlicher werden lassen und die Exponiertheit der im Außen Situierten noch unerbittlicher. Die Polizei und ihre Vorgehensweise sind Anzeichen der im öffentlichen Raum sich ausbreitenden Immunpolitik.

Die Revolte ist keine zufällige Antwort darauf. Es wäre ein Fehler, sie einfach als einen kollektiven Wutausbruch anzusehen, als eine unbeholfene Reaktion auf den drohenden Erstickungstod. Die Szenen, die nicht aufgehört haben, sich trotz der Pandemie auf den Straßen und Plätzen zu wiederholen, stellen eine direkte Erwiderung auf die Polizeiaktionen dar, eine Modalität, die Plätze zurückzuerobern, den Ausgeschlossenen Präsenz zu restituieren und die Rechte der Unerwünschten zu verteidigen.

Damit rückt der enge Zusammenhang zwischen Revolte und öffentlichem Raum wieder in den Vordergrund. Eine weitere Bestätigung dafür liefern jene Proteste, die insbesondere in den amerikanischen Städten Statuen und Monumente ins Visier genommen haben. Obwohl sie sogleich in polemischer Absicht als ikonoklastische Bewegungen stigmatisiert wurden, stehen sie bei genauerem Hinsehen nicht nur für das Bedürfnis, die urbane Landschaft wieder zu besetzen, sondern ebenso für die Forderung, deren Gedächtnis neu zu artikulieren. Der Kampf wird in jene Vergangenheit zurückprojiziert, die in den zu Ehren von Generälen der Konföderation, von Sklavenhändlern, völkermordenden Königen, Architekten der weißen Vorherrschaft und Propagandisten des faschistischen Kolonialismus errichteten Monumenten zelebriert wird. Warum sollte man gedankenlos fortfahren, von solchen Statuen umstellt in einer zunehmend erdrückenden Atmosphäre zu leben? Wenn es auch einen Irrglauben darstellte, die Vergangenheit als solche auslöschen zu können, wäre es dennoch nicht minder falsch, sie schlechthin zu verdinglichen. Angesichts von Ehre und Ruhm, die Menschenschindern und Unterdrückern zuteilwerden, ist es vonnöten, den Blick der Besiegten geltend zu machen. Eine Konfrontation auf den Feldern von Recht und Gedächtnis zeichnet sich ab.

Die Pandemie hat einen schon zuvor im Gang befindlichen Prozess weiter zugespitzt und einen bereits latenten Zwiespalt zwischen der Disziplin der Körper, der Militarisierung des öffentlichen Raums und den Kämpfen noch verschärft, die den Dissens öffentlich machen, jene Aufspaltung widerrufen und die Architektur der Ordnung unterbrechen. Die Präventivpolizei der Beziehungen, jene reglementierte Abschirmung, die mit der Abschaffung jeglichen Kontakts mit dem Anderen – dem potenziellen Feind und der Quelle der Ansteckung – ihren Höhepunkt erreicht, ist immer schon Norm und Siegel der immunitären Demokratie gewesen, mit der die Gefahr der lebendigen und unkontrollierbaren Masse, das Wagnis einer offenen Gemeinschaft, das Gespenst der Revolte gebannt werden soll.

Der öffentliche Raum wird bereits seit langem diszipliniert und kontrolliert. Das Recht zu demonstrieren ist keineswegs mehr selbstverständlich; Protestmärsche, Versammlungen, Sit-ins müssen genehmigt werden. Nicht umsonst haben sich die zunehmend nomadischen und transitorischen Orte der neuen Revolten weit über die städtischen Plätze hinaus vervielfacht – vom offenen Meer über grenzüberschreitende Räume bis hin zur Dezentralisierung des Internets. Daher auch der Einsatz kreativer Formen, Gesten und Handlungen sowie bislang unbekannter Modalitäten des Protests. Und auch die Fähigkeit, sogar noch die biosekuritären Maßnahmen neu zu interpretieren, wie es etwa mit den antibakteriellen Schutzmasken geschehen ist, die zunehmend im Zeichen einer ausgestellten Unsichtbarkeit und einer offen vertretenen Anonymität ihren Einsatz finden. Der politische Gebrauch sublimiert hier den immunitären.

Es ist daher danach zu fragen, ob eine Politik jenseits des überreglementierten und allseitig überwachten öffentlichen Raumes möglich ist, in dem es – schon lange bevor das souveräne Virus diesen besetzte – schwierig geworden war, überhaupt noch gemeinsam zu handeln. Um eine Antwort darauf geben zu können, ist das Dispositiv des öffentlichen Raumes von Grund auf zu überdenken, indem ein Blick in jene anarchische Über-Politik geworfen wird, die sich mit den neuen Revolten ankündigt.

Die Konstellation der Revolten

Was an den gegenwärtigen Revolten zunächst ins Auge springt, ist ihr fragmentarischer Charakter; allein schon das Vorhaben, einen Überblick gewinnen zu wollen, erscheint äußerst schwierig. Obgleich ihre weltumspannende Ausbreitung gewiss scheint: Kann man tatsächlich ebenso sicher sein, dass es sich überall um ein und dasselbe Phänomen handelt? Oder stellt es eine Verzerrung dar, auf ein und denselben Namen zurückzugreifen, um damit ganz unterschiedliche Situationen zu bezeichnen? Dies umso mehr, als es im Gegensatz zu vergangenen Bewegungen keineswegs leicht fällt, ein gemeinsames Bestreben und Ziel auszumachen. Während die Aufständischen von 1848 die Freiheit und die Republik anvisierten, während die Revolutionäre von 1917 vom Ideal des Kommunismus geleitet waren und während diejenigen, die im Laufe der 1960er und 1970er Jahre auf die Straße gingen, noch glaubten, dass sehr bald schon eine andere Welt möglich sein werde – was eint die Revolten des 21. Jahrhunderts?

Man kann auf die Unterschiede abheben, auf die durchweg diskordanten Modalitäten und Vorhaben: So sind einige Revolten episodischer Natur, andere wiederkehrend. Manche scheinen sich nur schüchtern anzudeuten, wieder andere sind ganz offen umstürzlerisch angelegt. Doch eine übertriebene Partikularisierung der Revolten, die es verhinderte, diese als Artikulationen einer globalen Bewegung zu betrachten, liefe darauf hinaus, a priori für die Verteidigung des Status quo einzutreten. Alles wäre wieder in Ordnung – nur hier und dort träten noch marginale Probleme auf.

Um die komplizierten Zusammenhänge zwischen den verschiedenen Revolten anzuzeigen, bewegliche Ähnlichkeiten, diskontinuierliche Bewegungen und unwägbare Übereinstimmungen, ist es womöglich hilfreich, auf das Bild der Konstellationen zurückzugreifen. Plötzlich treten am Nachthimmel entfernte Sterne und versprengte Funken zusammen, die dem Blick zuvor verborgen waren. Im Rahmen der neuartigen Anordnung gewinnen auch die kleineren Sterne Bedeutung, während sich eine andernfalls verborgene, wechselseitige Zugehörigkeit abzeichnet. Indes fehlt ein Kausalnexus, eine lineare Ausrichtung, und sogar auch nur der Anschein eines Anfangs bleibt aus. Die Konstellation ist ohne jede *arché*, an-archisch und subversiv, sie ist das fließende Resultat einer plötzlichen Mobilisierung, welche die Homogenität der Finsternis zerreißt. In dieser unerwarteten Simultaneität intensivieren sich die einzelnen Lichtquellen, erhellen sich wechselseitig und scheinen in einem gemeinsamen Brennpunkt zusammenzulaufen. Die Konjunktur erscheint dann als eine allegorische Präfiguration. So gesehen kann es nicht überraschen, dass Walter Benjamin das Bild der Konstellation aufgegriffen hat, um die monumentalen Architektoniken der historischen Sieger implodieren zu lassen: Genau darin besteht die Art und Weise, das Verdrängte, Verfemte und Diskreditierte wiederherzustellen. Das, was nicht zur Würde der Geschichte erhoben wurde, unterbricht jetzt den Fluss des Werdens. Aber wie die Sterne erlöschen, wenn sie in den undurchdringlichen Raum zurücktreten, können sich auch die Revolten im abgründigen Grund der Geschichte auflösen. Jenes blitzhafte Anhalten aber, das beinahe einem simultanen Brandherd gleichkommt, ist das Hier und Jetzt der Aktualität, das ohne eine zeitnahe und rechtzeitige Lektüre leicht entgleiten könnte. Deshalb drängt ein nächtlicher Blick in den Himmel der Geschichte, der die Revolten einbehalten, diese erinnern und sie in ihrer auflösenden und rettenden Aufladung restituieren kann.

Den Versuch zu unternehmen, die gemeinsamen Züge der weltumspannenden Revolten ausfindig zu machen, ohne dabei ihre jeweils lokale Ausprägung und ihre spezifische Eigenheit aus dem Auge zu verlieren, bedeutet, eine doppelte Herausforderung anzunehmen: Die erste besteht darin, wenn schon nicht den zarten roten Faden, so doch zumindest die unterliegende Richtschnur auszumachen, deren Einheitlichkeit von der Überlagerung und Verflechtung vieler kleiner Fasern verbrieft wird. Die zweite liegt darin, die Aufmerksamkeit auf die revolutionäre Kinetik auszurichten, innerhalb derer die Revolte einen ebenso bedeutsamen wie bislang enigmatisch bleibenden Platz einnimmt.[4]

In den offiziellen Chroniken wird die Revolte marginalisiert. Wenn sie es überhaupt schafft, die Hürden der Zensur zu überwinden, wird sie in ein Spektakel verwandelt und in ihrer transgressiven Dunkelheit ausgestellt. Zugang zu den Monitoren und Fernsehschirmen findet sie nur, wenn Ernst, Dringlichkeit und Dimensionen des Geschehens dies unbedingt gebieten. Und doch bleibt sie auch dann, hypersichtbar und überbelichtet, zur Unsinnigkeit verdammt. Demonstrationszüge, spontane Versammlungen, Menschenmassen in den Straßen und – in einem kontinuierlichen Crescendo – Rauchsäulen, zerbrochene Schaufenster, brennende Autos und Müllcontainer. Ob Portland oder Bagdad, Athen oder Algier, Santiago oder Barcelona – die Bilder sollen vor allem Unruhe und Unordnung anschaulich werden lassen. Und aus der Unordnung meint man das Durcheinander eines chaotischen und nicht

---

4 Zum Erfordernis, die revolutionäre Kinetik neu zu denken, vgl. Éric Hazan und Kamo, *Premières mesures révolutionnaires*, Paris 2013, S. 8ff. sowie Éric Hazan, *Die Dynamik der Revolte. Über vergangene und kommende Aufstände*, übers. v. Elfriede Müller, Münster 2019, S. 47ff.

greifbaren Ereignisses ableiten zu können. Daher auch der Mangel an Reflexionen auf den Gegenstand der Revolte, die gleichwohl mittlerweile den Alltag rhythmisiert.

Wenn die Medien ein derart getrübtes und finsteres Bild von ihr vermitteln, die öffentliche Vorwurfshaltung widerspiegeln und einer interpretativen Amnesie Vorschub leisten, dann deshalb, weil die Revolte die Logik der institutionellen Politik durchbricht und übersteigt. Entsprechend »außen vor« zu sein, heißt jedoch nicht auch schon, als politisch unbedeutend durchgehen zu können. Vielmehr ist genau darin das Potenzial der Revolte auszumachen, die sich im öffentlichen Raum auszubreiten sucht, um die politische Governance auf ihrem eigenen Gebiet herauszufordern. Es sollte daher nicht weiter verwundern, dass deren institutionelle und medienwirksame Spielart sie an den Rand drängt, ihre Reichweite verharmlost, sie von der Tagesordnung streichen und auf ein gespenstisches Phänomen reduzieren will. Die Revolte erscheint dann als ein beunruhigender Schatten, der an den überwachten Grenzen der offiziellen Aktualität umherschleicht.

Daher ist es geboten, die Perspektive umzukehren und die Revolte nicht aus dem Inneren, das heißt der staatszentrierten Ordnung, heraus zu betrachten, sondern von jenem »Außen«, in dem sie selbst sich situiert. Ebenso, wie sie kein vernachlässigbares Phänomen ist, handelt es sich bei der Revolte auch nicht um das Relikt einer archaischen, chaotischen und wild durcheinanderwirbelnden Vergangenheit, die der Fortschritt mit seiner unwiderstehlichen Linearität verfeinert und letztlich überwunden hätte.

Die Revolte ist nicht anachronistisch, sondern anachron, da sie einer anderen Zeiterfahrung entspringt.

Als eigentümliche Dimension der weltumspannenden Unordnung liefert die Revolte den Interpretationsschlüssel für ein zunehmend schwerer zu entzifferndes Zeitalter. Die Explosion der Wut ist kein Blitz aus heiterem Himmel, sondern als Anzeichen und Symptom zu betrachten. Wenn die Revolte vom Heute spricht, was sagt sie uns dann? Wie kann, wie muss man sie interpretieren? Die Kriterien der Modernität, die möglicherweise zuvor noch wirksam waren, scheinen inzwischen ihre Gültigkeit eingebüßt zu haben. Die Kosmogonien vom Sinn der Geschichte, die totalisierenden Dialektiken – sie verfangen nicht mehr, lassen die neuen Antagonismen unausgelotet und undurchdringlich außen vor.

Mit diesen Diagnosen ist die Frage nach dem Verhältnis der Revolte zur Politik verbunden. Die gegenwärtige Revolte wird für gewöhnlich als vorpolitisch wahrgenommen, da sie – sei es aus Unreife, sei es aufgrund einer Art Infantilität des Ortes – als unfähig eingeschätzt wird, authentische Ansprüche zu formulieren und sich im Rahmen eines weiterreichenden Projekts zu artikulieren. In dieser Sichtweise gilt sie als gänzlich unpolitisch, sofern man darunter die Schwierigkeit versteht, in den politisch-institutionellen Raum einzutreten. Doch aus dem entgegengesetzten Blickwinkel kann sie ebenso gut als hyperpolitisch eingestuft werden.

Bei genauerem Hinsehen ist das Verhältnis der gegenwärtigen Revolten zur Politik jedoch kein rein provokatorisches oder konfliktgeladenes. Der aktuelle politische Raum wird noch immer von den Grenzen des Staates definiert. Alles, was geschieht, wird innerhalb dieser Grenzen beobachtet, bedacht und beurteilt. Die Moderne der letzten beiden Jahrhunderte hat den Staat zum unentbehrlichen Mittel und höchsten Zweck der Politik erhoben. Die herrschende Ordnung ist durchweg eine staatszentrierte. Die unumstrittene staatliche Souveränität bildet noch immer das Kriterium, das die Grenzen der aktuellen geopolitischen Landschaft absteckt und ihre Kartierung vorzeichnet. Das wiederum hat zu einer Trennung zwischen der inneren Sphäre, die der souveränen Macht untersteht, und der äußeren, der Anarchie überantworteten, geführt. Und diese allseits verbreitete Dichotomie hat ein Werturteil zwischen Innen und Außen etabliert, zwischen Zivilisation und Unzivilisiertheit, zwischen Regel und Regellosigkeit, zwischen Ordnung und Chaos. Die staatliche Souveränität konnte sich so als alleinige Bedingung der Ordnung durchsetzen, als einzige Alternative zur Anarchie, die als Ermangelung einer Regierung und als Unwesen diskreditiert wird, das allein im grenzenlosen Außen wütet. Die Dynamiken der Globalisierung haben indes bereits begonnen, jene Dichotomie von Souveränität und Anarchie zu untergraben und die Beschränkungen einer in den traditionellen Grenzen verhafteten Politik zutage zu fördern. Wenn der Staat auch weiterhin das Epizentrum der neuen globalen Unordnung bleibt, bevölkert sich die Landschaft jenseits seiner Grenzen doch langsam mit neuen Protagonisten. Neuartige oder in ihrer Intensität gesteigerte Phänomene wie die Migrationsbewegungen fördern einen Riss zutage, lassen hindurchscheinen, was im Außen geschieht, und gemahnen dazu, sich von jener Dichotomie endgültig zu verabschieden, um eine äußere Perspektive einnehmen zu können.

In analoger Weise ist die Revolte jenseits der Souveränität zu verorten, im schon immer der Anarchie überantworteten Offenen. Und dieses Offene ist nicht nur als der Raum zwischen einer Grenze und der nächsten zu verstehen, sondern eben auch als eine Kluft, als ein Spalt im inneren Szenarium. Die Revolte zeigt den Staat von den trüben Fenstern der Vorstädte aus, sie blickt mit den Augen desjenigen auf ihn, der außen vor gelassen wird oder sich selbst im Außen situiert. So versteht man, warum es die staatliche Politik – unterstützt von der medialen Erzählung – darauf angelegt hat, diese dunkel und randständig erscheinen zu lassen. Dabei geht es nicht nur und nicht einmal so sehr um einzelne Ansprüche oder kontingente Forderungen.

Die Revolte läuft darauf hinaus, den Staat infrage zu stellen. Sei dieser nun demokratisch oder despotisch, laizistisch oder religiös verfasst – die Revolte zieht seine gründende Gewalt ans Licht, enthebt ihn seiner Souveränität. Ein Charakteristikum der gegenwärtigen Revolten, die nicht zufällig von dem Motto »¡Que se vayan todos, que no quede ni uno solo!« (»Sie sollen alle abhauen, kein Einziger soll bleiben!«) begleitet werden, ist die Trennung von Macht und Volk, die inzwischen als endgültiger Bruch erscheint – trotz der Anstrengungen des Staates, sich selbst Legitimität zuzusprechen, stete Alarmbereitschaft zu verbreiten und allgemeine Sicherheit vorzugaukeln. Die nationalistischen und autoritären Reaktionen, die aus einer blutleeren Souveränität erwachsen, berühren diesen Prozess nicht wirklich.

Auf den Straßen und Plätzen stellt jener abstrakt-administrative Betrieb der politischen Governance sein polizeiliches Gesicht zur Schau, um damit der Masse entgegenzutreten, die zu regieren ihm nicht mehr gelingt. Die Unregierbaren betreten die Bühne, um anzuprangern, dass die Institutionen der Politik sie nicht mehr repräsentieren. Doch über diese Repräsentationskrise hinaus, die sich der Populismus zunutze zu machen sucht, steht die Neubestimmung des politischen Raumes selbst auf der Agenda. Diese Auseinandersetzung durchzieht und erschüttert in ihren heterogenen Formen und Modalitäten die globale politische Landschaft. Deshalb ist die Revolte zutiefst politisch.

Einzelne Forderungen und ihre kontingenten Motive vermögen dafür keine erschöpfende Erklärung zu liefern. Die Tötung eines Demonstranten, die Verabschiedung eines Gesetzes, das demokratische Freiheiten beschneidet, eine ungestraft bleibende Vergewaltigung, die Verteuerung von Öl und Benzin, die plötzliche Preiserhöhung der U-Bahn Tickets, die Aufdeckung des x-ten Korruptionsfalles, die Umwandlung eines Parks in ein Einkaufszentrum, die Rentenreformen, ein Vergeltungsschlag des religiösen Fundamentalismus: All dies sind besondere Ursachen, die – wenn auch notwendig, um das Phänomen analysieren zu können – jedoch nicht hinreichend dafür sind, es in seiner Komplexität zu verstehen. Es gibt überhaupt keine Revolte, die auf eine einzelne Ursache zu reduzieren wäre. Vielmehr gehen alle von ihnen aus der Verbindung und Verflechtung unterschiedlicher Motive hervor – und zwar nicht allein wirtschaftlicher, sondern ebenso politischer und existenzieller Natur.

Die Revolte verleiht einem noch meist unscharfen Unbehagen Ausdruck. Sie offenbart ein unbestimmtes, dadurch jedoch nicht weniger quälendes Ungemach, sie enthüllt die enttäuschten Erwartungen. Die versprochenen Entwicklungschancen und der vielgerühmte Fortschritt haben eine Welt hinterlassen, die scheinbar alternativlos von Abgründen der Ungleichheit, der Logik des Profits, der Ausplünderung der Zukunft sowie der zur Schau gestellten Arroganz einiger weniger gegenüber der Armut vieler geprägt ist und diesem Zustand weiter Vorschub leistet.

Zwischen Politik und Polizei

Das politische Vermögen einer Revolte verwirklicht sich, wenn es ihr gelingt, die Ungerechtigkeit innerhalb der überwachten Grenzen des öffentlichen Raumes in Erscheinung treten zu lassen und diesen dadurch umzugestalten. Daher ist die Revolte vor allem eine Praxis des Einbruchs und Einfalls, die von den Rändern herkommend die gouvernementale Politik in Verlegenheit bringt und deren polizeiliche Funktionen freilegt. Diese Verschiebung geschieht nicht zufällig: Der von der Etymologie suggerierte Zusammenhang zwischen »Politik« und »Polizei« ist durchaus ernst zu nehmen. Man kann dabei der von Jacques Rancière gezogenen Spur folgen, die über die für gewöhnlich angenommene restriktive Bedeutung des Terminus »Polizei« hinausführt.[5] Es geht nicht einfach um Schlagstöcke, gepanzerte Einsatzwägen, Verhöre; und auch nicht nur um repressive Staatsapparate. Die von der Polizei verwaltete sogenannte »öffentliche Ordnung« ist inzwischen sehr viel umfassender – und ihre Rolle zwar nicht immer offenkundig, aber stets entscheidend. Die Polizei diszipliniert die Körper, indem sie ihnen die Vereinigung gestattet oder die Versammlung untersagt, sie strukturiert den Raum, weist die jeweiligen Rollen zu, entscheidet über Zuständigkeiten und Rechtstitel bezüglich des Habens, Sagens und Tuns. Sie legt die einzunehmenden Plätze fest und regelt das Vermögen zu erscheinen. Vor allem aber verwaltet sie die Ordnung – diejenige des Sichtbaren und des Sagbaren –, indem sie die Grenzen der Partizipation fixiert. Sie schließt ein und schließt aus, indem sie entscheidet, wer Anteil hat und wer nicht.

Zumeist wird die innere Perspektive eingenommen: Sobald sie einmal die öffentliche Ordnung eingesetzt hat und diese verwaltet, verschwindet die Politik damit in der Polizei. Tatsächlich ist es genau das, was von einer Politik noch bleibt, die – in den Schraubstock der Ökonomie gezwungen und zum bürokratischen Rüstzeug verkommen – schließlich nur mehr beredtes Überbleibsel ihrer eigenen tragischen Abwesenheit ist. Die Politik kann jedoch nicht auf die Mauern der *pólis* beschränkt werden; und das umso weniger, wenn man darunter das jeweilige Staatsgebiet versteht. Das gilt insbesondere im komplexen, instabilen

5 Vgl. Jacques Rancière, *Das Unvernehmen. Politik und Philosophie*, übers. v. Richard Steurer, Frankfurt/M. 2002, insbes. Kap. II: »Das Unrecht: Politik und Polizei«, S. 33-54.

und fragmentierten Szenarium des neuen Jahrhunderts. Im Horizont der Governance verbleibend lassen sich weder die Instabilität und die inneren Spannungen noch auch die Bewegungen erklären, welche die Räume jenseits der Grenze durchziehen und beschuldigt werden, reines Chaos, graues Wirrwarr zu stiften. Alles, was aus dem »Außen« kommt, nimmt gespensterhafte Züge an: illusorischer Schatten und unmittelbare Bedrohung zugleich. Ebenso, wie die Migration in die Illegalität und Klandestinität zurückgedrängt wird, stellt man die Revolte als finstere und unpolitische Unordnung dar. Ein normativer und gouvernementaler Ansatz kann gar nicht anders.

Allein eine Politik, die den umgekehrten Weg beschreitet, die von den Rändern ausgeht, Schranken durchbricht und sich der polizeilichen Funktion entzieht, wird ihren Namen rehabilitieren können. Eine solche Politik, die dort stattfindet, wo Konflikte aufbrechen und Kämpfe sich erheben, teilt und vergemeinschaftet das Unrecht, verleiht dem Dissens Ausdruck, richtet die Scheinwerfer auf die Unsichtbaren und die verhassten Ungesehenen, ergreift Partei für die Anteillosen, widerruft die Aufteilung, stellt die Kontingenz der Ordnung heraus und durchbricht die polizeiliche Hierarchie der *arché*, die das Monopol auf den Anfang, auf Befehlsgewalt und Herrschaft beansprucht. Es gibt keine Politik mehr, es sei denn in der anarchischen Unterbrechung, in jener Abweichung, jenem Abstand, in dem der Appell an die Gleichheit – gerade so eben vernehmbar – die Regierungslogik aufkündigt und sich in einer unaufhörlichen Bewegung jedes Mal von neuem das Zusammen-Sein der Gemeinschaft konstituiert.

BESETZUNGEN: VON DER FABRIK ZU DEN PLÄTZEN

Die gegenwärtigen Formen des Protests tragen, wenngleich im Rahmen der Vorläufigkeit spontaner Bewegungen, neuartige und eigentümliche Züge. Place de la République, Taksim-Platz, Liberty Plaza, Puerta del Sol – die Plätze des Protests sind zahllos, von einem Kontinent zum nächsten. Man geht auf die Straße, um sich an einem neuralgischen Ort der Stadt zusammenzufinden, der sodann zu einer regelrechten Versammlungsstätte wird. Als wolle man vor allem verhindern, sich zu verlaufen und weiter zu zerstreuen, indem man nur versucht, sich trotz der unterschiedlichen Herkünfte in einem gemeinsamen Raum und einer gemeinsamen Zeit zu versammeln. Die besetzten Plätze sind normalerweise der Zirkulation des Verkehrs vorbehalten oder einfach dem flüchtigen Zeitvertreib des Flanierens. Die Demonstrierenden halten an, nehmen dort ihren Aufenthalt, sie bleiben für einige Stunden, oft ganze Tage und Nächte lang; sie kommen, gehen, kehren wieder zurück – es ist, als repräsentierten sie eine alternative Gemeinschaft.

Warum aber gerade die Plätze besetzen? Warum nicht mehr die Fabriken und auch nicht länger die Universitäten, wie es nur wenige Jahre zuvor noch gang und gäbe war und heute allenfalls immer sporadischer geschieht? Der Übergang von der Fabrik hin zu den Plätzen ist nicht als unbedeutende Beiläufigkeit oder Reaktion auf ein geringfügiges logistisches Problem anzusehen. Die Grundidee, welche die Arbeiterbewegung in ihrer epochalen Geschichte angeregt und angeleitet hat, ist darin zu suchen, dass

Arbeit – wenn auch in Marktverhältnissen entfremdet und in staatlichen Strukturen vampirisiert – bereits eine gemeinsame Welt konstituiert. Und das aufgrund ihrer horizontalen Struktur sowie des Systems von Produktion und Austausch, dass dazu angetan ist, auch ohne Hierarchien, Chefs und Herren über sich zu funktionieren. Die daraus gewonnene Zukunftsvision, in der die Beziehungen, wie sie noch durch die Abstraktion des Geldes und der Waren vermittelt sind, in nun endlich menschlichen Beziehungen zwischen Produzentïnnen überwunden sein werden, unterstützte und begleitete die Entwicklung der unterschiedlichen Strömungen des Syndikalismus, des Sozialismus und des Anarchismus. Daher auch die Konzeption und Modalität des Kampfes als endgültige Machtübernahme durch das Arbeiterkollektiv.

Auch bei den Besetzungen von Schulen und Universitäten, die seit den 1960er Jahren in mehreren Anläufen und in unterschiedlichen Formen die Etappen der Studentenbewegung bildeten, war die Überzeugung noch tief verankert, dass jene zukünftige Welt bereits unmittelbar bevorstehe, nur eine durchwachte Nacht weit entfernt. Diese Gärungen, Erregungen und Unruhen, diese gerichteten Hoffnungen sind inzwischen geschwunden. Die Gefühle und Bestrebungen, die heutzutage die Plätze bewegen, sind durchweg gemischt, verworren, mitunter auch gegensätzlich. Proteste und Besetzungen haben die Fabriken verlassen, die Betriebsstätten und Arbeitsplätze, größtenteils auch die Universitäten, die Schulen sowie alle anderen Orte sozialer Funktion und Interaktion, die ebenso viele strategische Knotenpunkte bilden, an denen einst die im

Konflikt befindlichen Kräfte zur Gerinnung kommen konnten. Dieser Exodus birgt eine klare politische Bedeutung: Er kommt der Anerkennung der Tatsache gleich, dass im Zeitalter des fortgeschrittenen Kapitalismus – unserer Epoche der planetarischen Schuld, der delokalisierten Industrien und des ausgeweiteten Prekariats – Arbeit keine Gemeinschaft mehr zu bilden imstande ist. Sie entspricht vielmehr nur noch der Art und Weise, auf die jeder Einzelne im Rahmen eines unablässigen Wettbewerbs sein eigenes »Humankapital« verwaltet und bewirtschaftet. Im Übrigen ist es, wie die Biopolitik lehrt, inzwischen das gesamte Leben, das gefordert und aufgesaugt wird – weit über die reine Arbeitskraft hinaus. Darin liegt der wesentliche Unterschied gegenüber den Protesten der Vergangenheit und den traditionellen Formen des Kampfes wie etwa dem Streik.

Gemeinschaft kann nicht mehr vorausgesetzt, sondern muss vielmehr stets angestrebt und mühevoll gesucht werden. Sie muss außerhalb der Topografie der obsolet gewordenen, vom Radar der Sichtbarkeit verschwundenen Arbeitsplätze in Szene gesetzt und fernab der repräsentativen Paläste artikuliert werden. Daher die entscheidende Rolle einer Versammlung, in der das bislang nicht repräsentierte andere Volk einen Platz finden soll. Die neuen Versammlungen sind Versuche von Gemeinschaft, bei denen sich die diese leitenden Bestrebungen jedoch nicht selten in der Befriedigung des bloßen Zusammen-Seins zu erschöpfen scheinen.

Die Zusammenkünfte erfolgen insbesondere auf den städtischen Plätzen – also in jenen Räumen, welche die Politik nicht mehr auszufüllen vermag und die zugleich einen symbolischen Verweis auf die *agorá* darstellen, auf den Ursprungsort der Demokratie und den letzten Raum, welcher der Gemeinschaft derzeit noch zur Verfügung steht. Dabei lässt sich eine Gemengelage aus Resignation und Widerstand beobachten. Zusammen-Sein heißt auf eine Welt zu reagieren, die zunehmend auf Isolation und Trennung beruht. Die Antwort darauf ist nicht nur politisch, sie ist zugleich auch ethisch begründet. In diesem Sinne ist die Bewegung der Besetzung bereits handfeste Opposition. Auf den Plätzen treffen verschiedene Formen der Mobilisierung zusammen: von den Feminist'innen bis zu Menschenrechtsaktivist'innen, von Umweltschützer'innen bis zu Streiter'innen für die Rechte der Migrant'innen, von Pazifist'innen bis zu Antirassist'innen. Gleichwohl bleiben diese Zusammentreffen oftmals nur eine zeitweise Summierung, bei der die einzelnen Kämpfe keine nachhaltige Bindung eingehen.

Seitdem die Slogans der Parteien bei den Massen nicht mehr verfangen und diese nicht mehr zu integrieren vermögen, sind die Plätze zu Schauplätzen des Einfallsreichtums geworden (daher auch die häufige Anwesenheit von Schauspielern, Kabarettisten und Komikern), auf denen neue Gesten erdacht, zuvor unbekannte Aktionsformen erprobt, kreative Losungen und ehrfurcht- und respektlose Scherze aufgeführt werden. Sind jedoch die letzten Klänge des gemeinsam angestimmten Widerstandsgesanges verweht, scheint auf den Plätzen allein noch das scharfe »Nein« einer globalen Ablehnung der globalen Welt nachzuklingen.

Eigentlich Affirmation von Demokratie und Ausdruck von Solidarität, läuft die Bewegung der Plätze dann Gefahr, sich in einer Vielzahl partikularer Kämpfe aufzulösen oder sogar in die Agenden der offiziellen Politik reintegriert zu werden. Sie wirkt nicht auf Dauer, geht nicht über den bloßen aktuellen Dissens hinaus, scheint keine Spuren in jener Gliederung der Stadt zu hinterlassen, die in Platons Modell als Verwirklichung der Gerechtigkeit erscheint. Während der Arbeiterstreik nicht nur eine Besetzung der Fabrik darstellte, sondern ebenso eine Subversion und Umverteilung der Räume, gelingt es der Bewegung der Plätze – obgleich sie auf die kapitalistische Zerstreuung und Teilung zu reagieren versucht – noch nicht, den öffentlichen Raum nachhaltig umzugestalten.

»Bella ciao«: Klänge des Widerstands

Das Lied erklingt in den Straßen von Beirut, rhythmisch entschlossen skandieren es die kurdischen Kämpferïnnen in Rojava, es folgt den Sturmwinden der Revolte in den chilenischen Städten, hallt im von Verfechterïnnen der Unabhängigkeit besetzten Flughafen von Barcelona wider, begleitet die weltweiten Fridays for Future-Proteste und kehrt von dieser langen Reise auf die italienischen Plätze zurück, wo es nie vergessen war, um die schwarze Welle des rassistischen Souveränismus zurückzudrängen. Auch die Geschichte seiner jüngsten Vergangenheit ist äußerst dicht gewebt. Wie lässt sich etwa der Chor vergessen, der sich unisono im Gezi-Park erhob? Oder die Aufführung des

Orchesters Nuit Debout auf der Place de la République zu Ehren der gegen die Reform des Arbeitsmarktes Demonstrierenden?

Bella ciao, dieses staatenlose Lied, das weder ein Vaterland noch eine Urheberschaft für sich beanspruchen kann, das Resultat überraschender Vermischungen und einzigartiger Kontaminationen, im Laufe derer alte Texte provenzalischer Troubadoure mit Klezmer-Melodien in Einklang gebracht wurden – die Ballade der italienischen Reisfeldarbeiterïnnen, die am Ende des Krieges zum Partisanenlied wurde, ist ihrer Berufung nach international. Sie erzählt von einem Erwachen, das einer Warnung und Mobilisierung entspricht, von einem Eindringling, der kurz vor dem Sieg steht, von der unabkömmlichen Dringlichkeit einer Reaktion: Im Hintergrund zeichnet sich der Schatten des Faschismus ab. Die Blume auf dem Grab ist die Anerkennung derjenigen, die die Erinnerung an jenen Gefallenen wach halten und seinen Weg fortsetzen werden. Es überrascht nicht weiter, dass es *Bella ciao* mit seiner Fähigkeit, unterschiedlichste Geister anzusprechen und im Rahmen einer gemeinschaftlichen Opposition zu mobilisieren, gelungen ist, alle Grenzen zu überschreiten und auch in der globalisierten Welt zur Elegie des Kampfes aufzusteigen.[6] Nicht nur eine Hymne der Freiheit – sondern Klänge des Widerstands. Und diese Klänge werden jedes Mal von neuem angestimmt, wenn die Situation unerträglich wird, Gefahr droht und die Empörung zunimmt.

---

6 Dazu hat nicht zuletzt auch die Netflix-Serie *Haus des Geldes* beigetragen.

Es handelt sich nicht darum, einem äußeren Zwang nachzugeben, sondern einem vitalen Bedürfnis zu folgen. Wer Widerstand leistet, resigniert nicht, gibt nicht auf. Im Gegenteil, er antwortet, verteidigt sich. Daher ist der Widerstand zwar nachfolgend, er kommt später, ist aber nicht untergeordnet oder nachrangig. Die Kräfteverhältnisse sind asymmetrisch, Umstände und Bedingungen ungünstig. Die Gegner sind ungleich stärker; die Geschichte scheint auf ihrer Seite zu stehen. Zum Widerstand aufgerufen sind diejenigen, die sich – während sie zu unterliegen drohen – nicht damit abfinden, dass sich Schwäche zu Ohnmacht auswächst, dass die zeitweilige Niederlage in der Kapitulation endet, dass das provisorische Los als ein Orakel des Schicksals gelesen wird. Die Augen senken sich, aber der Kopf beugt sich nicht. Im Gegenteil, der Widerständler wird wachsamer, beinahe argwöhnisch. Er lässt und findet sich nicht ab. Er sagt: »Es reicht!«. Er sagt das keineswegs triumphierend, sondern leise und fast demütig. Und doch ergeht jene Mahnung entschieden – Widerstand ist ein Fixpunkt.

Die von diesem Punkt aus verfolgte Linie bezeichnet jedoch keine Gerade. Ebenso wie die Konfrontation niemals eine frontale ist, es sei denn aus absoluter Notwendigkeit heraus. Die Wege sind gewunden, gekrümmt, verlaufen quer, nicht aus Unschlüssigkeit oder Zögern, sondern um Hindernisse zu umgehen, Verstecke und Hinterhalte zu vermeiden. Der Widerstand ist eine Bewegung, der nicht die Vertikalität der Erhebung zukommt und die auch nicht das unverhüllte Gesicht der Rebellion aufweist, sondern der die diffuse und anonyme Latenz der Klandestinität zu eigen ist. Der Widerständler sucht Deckungen, gräbt Tunnel, dringt in Krypten und Katakomben vor. Er ist ein Flüchtling im Untergrund, wo das herrschende Gebäude untergraben, jedwede künftige Subversion vorbereitet wird. Getragen wird er von zäher Geduld, unterirdischer Energie, vom zähen Wachen einer Hoffnung, die nicht aufgibt.

Widerstand ist eine transversale Taktik; er geht von den Seiten und Rändern aus, arbeitet an den Flanken. Der Widerständler tritt dem Feind nicht entgegen, um ihm eine Niederlage beizubringen; vielmehr verteidigt er sich gegen den Gegner, um ihn zum Verlassen des Schlachtfeldes zu bewegen. Er entwaffnet diesen mit seinen eigenen Waffen, bringt seine Regeln durcheinander, wirft ihn aus dem Gleichgewicht, desorientiert ihn. So versucht er Mal für Mal, Raum und Zeit zurückzugewinnen, um sich neu zu organisieren. Er will nicht den Sieg, es sei denn als Befreiung.

Obgleich punktgenau und augenblicklich, setzt der Widerstand auf die lange Dauer. Zwar ist er reaktiv, ordnet sich aber nicht der Kraft unter, der er widersteht. Er schlägt keine Alternativen vor, sondern eröffnet Möglichkeiten, deren Umrisse er selbst nicht kennt. Der Fixpunkt ist der einer eröffnenden Grenze, die auf ein Über, auf ein Darüberhinaus verweist und ein Außen erschließt. Die Widerstandspunkte sind in der Tat vielfältig; sie laufen jedoch Gefahr, so weit unter dem Radar zu bleiben, dass sie schließlich spurlos verschwinden. Nicht zufällig bleiben die Protagonisten oft anonym und ihre Taten unbekannt. Gerade vor diesem verblassenden Wasserzeichen des Widerstands wird jedoch deutlich, dass eine andere Welt möglich ist. In diesem Sinne geht der Widerstand bereits über die reine Entrüstung, die einfache Ablehnung und Verweigerung hinaus: In seinem Herzen wohnt der Ungehorsam, er wird zum Vorzeichen der Revolte.

Der Widerständler wurde zumeist als »irregulärer« Kämpfer angesehen, weil er sich aufgrund seiner Transversalität an den Rändern und außerhalb des Rechts situiert. So beeinträchtigt der Partisan, eine in der politischen Landschaft bis dato beispiellose Figur, nach Carl Schmitt den klassischen Krieg zwischen Staaten, indem er in der Illegalität kämpft.[7] Sein Kampf ist in Wahrheit nicht militärisch, sondern politisch. Der »Partisan« [»partigiano«] sympathisiert, wie es der Name bereits nahelegt, mit einer Seite [parte], tritt für einen Teil, eine bestimmte Sache ein. Sein Kampf ist von politischem Engagement geprägt. Im Namen dieses Kampfes, den er für legitim erachtet, kann er mitunter sogar eine weiterreichende Legalität als die von ihm bekämpften souveränen Mächte beanspruchen. Dies war während der Befreiungskriege tatsächlich der Fall. Daher die gegensätzlichen Perspektiven auf den Partisanen, der einerseits als »Bandit« und andererseits – wie auf etlichen italienischen Gedenktafeln zu lesen ist – als »für die Freiheit Gefallener« gilt. Trotz der Versuche, den Partisanen zu legalisieren und ihn in die juridische Normalität aufzunehmen, ohne dabei das Recht zu kompromittieren, bleibt diese Lücke, dieser offene Spalt, durch den andere, noch explosivere Gestalten ihren Einzug auf der Weltbühne halten werden. Denn der Partisan ist noch immer das Symbol einer Irregularität, die den

7 Vgl. Carl Schmitt, *Theorie des Partisanen. Zwischenbemerkung zum Begriff des Politischen*, Berlin [8]2017.

Anspruch erhebt, innerhalb jener politischen Sphäre legitimiert zu werden, die sich auf die Staatsgrenzen beschränkt. Das zeigt, warum der Widerstand mit seinen vielfältigen Antworten eine erfinderische Ressource für die Politik darstellen kann.

In der gegenwärtigen Welt hat die Politik – angefangen bei den liberalen Demokratien – in einem Maß an Bedeutung verloren, dass sie nicht mehr als konstitutiver Teil der menschlichen Existenz wahrgenommen wird. Das Desinteresse an den Fragen der Aktualität wie auch die grassierenden Wahlenthaltungen bilden nur Alarmzeichen eines tieferreichenden Phänomens: Die politische Existenz ist keine Bestimmung, kein Schicksal mehr. Die Existenz weiß sich nicht mehr zur *pólis* bestimmt. Was zählt, ist vielmehr die eigene Absicherung und der Schutz als Lebewesen, ja die vollständige Immunisierung der Identität. Politik wird nur auf negativem Wege – das heißt, wenn eine Bedrohung wahrgenommen wird – zu einem vitalen Bedürfnis. Jeder kümmert sich um sich, schützt und erhält sich selbst.

Man könnte den Widerstand als die andere Seite dieser Immunisierung betrachten. Obwohl beide von einem ähnlichen Verteidigungsbedürfnis ausgehen, laufen die Wege konträr auseinander. Wer sich immunisiert und sich so vor dem Risiko des Kontakts, vor der Ausgesetztheit vor dem Anderen schützt, zieht sich in sich selbst zurück, verschanzt sich hinter einer möglichst engmaschigen immunitären Barriere, die von schierer Angst zusammengehalten wird. Der widerständige Mensch senkt seinen Blick, erhöht jedoch die Wachsamkeit und eröffnet Wege, die gegenüber der gouvernementalen Ordnung, die ihre

Legitimität eingebüßt hat, quer und unvorhergesehen anders verlaufen. Auch für sich alleinstehend zeugt er von der Notwendigkeit einer anderen Gerechtigkeit. Seine rebellische Energie wirkt ansteckend, seine Bereitschaft und Verfügbarkeit wird zu einer geteilten. Seine Frontlinie vereint unterschiedliche Kräfte, Erfahrungen und Ideen, die sich jedoch, nachdem die jeweiligen Widrigkeiten überwunden sind, wieder verlaufen und zerstreuen können. Darin liegt sein Vorzug wie auch seine Begrenztheit.

Ein gespenstisches Zeitalter

Wo der Wind des Widerstands weht, geht auch der Geist der Revolte um. Aber wer kann wirklich wissen, was sich in den Passagen, den Galerien und unterirdischen Tunneln zusammenbraut? Nicht einmal ein scheinbares Ausbleiben von Ereignissen sollte zu der Annahme verleiten, dass die diskrete Bewegung des Widerstands abgeebbt wäre. Politik lässt sich nicht auf die Ausnahme des Ereignisses reduzieren, und jene latente, dem Ereignis stets vorausgehende Spannung, die dem Vorzeitigkeit zum Ausdruck bringenden Futurperfekt entspricht, ist weder zu übergehen noch zu unterschätzen. Es gilt also, den Blick zu schärfen und die Ohren zu spitzen, um das beinahe unmerkliche Zittern in der Geschichte wahrzunehmen und die kaum angedeuteten Zuckungen darin zu erfassen.

Wie sollte man dabei nicht an den alten Maulwurf denken, an jenes Symbol der Revolution, das Marx von Shakespeare und Hegel übernahm, um es nach den brennenden Niederlagen wiederzubeleben? Kurzsichtig und schwach, aber auch geduldig und zäh biegt der Maulwurf in seinem Kommen und Gehen plötzlich ab und gräbt weiter, kehrt unversehens an den Punkt zurück, von dem er ausgegangen war, und fängt unermüdlich wieder an zu graben, verschwindet darüber aber nicht – er wird nur unsichtbar. Und dort unten eröffnet seine fleißige Gutmütigkeit den Weg für neue Einbrüche.

Auch verpasste oder verratene Revolutionen sind nicht leicht aus dem Gedächtnis der Besiegten zu löschen; sie wandeln sich zu nuancierter Dissidenz, leben in aufdringlichen Abwesenheiten fort, gehen in gespensterhafte Präsenzen über. Die Revolution ist – wie Derrida gezeigt hat – eine Angelegenheit von Maulwürfen und Gespenstern, von unheimlichen Visionen und verheißungsvollen Erscheinungen.[8] Alles beginnt mit einem Gespenst, das zunächst in Europa umgeht und am Ende um die ganze Welt wandern wird. Die Ambivalenz des Gespenstes ist jedoch bekannt: Man weiß nicht, ob es sich um die Rückkehr eines Phantoms aus der Vergangenheit oder um die Erscheinung eines Geistes aus der Zukunft handelt. Oder womöglich um beides zugleich. Vielleicht ist es das letzte Röcheln einer Larve in der Dämmerung, vielleicht auch ein noch allzu luftiger und dünner Lebenshauch.

Nahezu unmöglich scheint es, Gespenst und Geist nicht miteinander zu verwechseln. Insbesondere in einem gespenstischen Zeitalter wie diesem, in dem der Geist sich

---

8 Vgl. Jacques Derrida, *Marx' Gespenster. Der verschuldete Staat, die Trauerarbeit und die neue Internationale*, übers. v. Susanne Lüdemann, Frankfurt/M. 2005.

zurückzuziehen scheint, um einer allgemeinen Raserei, einer krampfartigen Unruhe Platz zu machen. Die neue Weltunordnung führt zu Erscheinungen aller möglichen Art: Rauchverkäuferïnnen, Illusionenhändlerïnnen, Possenspielerïnnen, düstere Komplottistïnnen. Zwischen verborgenen Gärungen, nächtlichen Zusammenkünften und Wutausbrüchen scheint es ein schwieriges Unterfangen, den politischen Raum entschlüsseln zu wollen.

In einem Artikel von 2014 mit dem bezeichnenden Titel *Warum heute keine Revolution möglich ist*, greift Byung-Chul Han die Debatte auf, die er mit Antonio Negri in einem Berliner Theater geführt hat.[9] Auf Negris optimistische Perspektive, auf seine »allzu naive« Hoffnung auf den Aufstand der Multitude gegen das Empire, antwortet Han mit der Betonung der Stabilität des neoliberalen Systems, das nicht mehr repressiv, sondern seduktiv, das heißt verführend verfährt. Genau aus diesem Grund gelingt es ihm, den labilen Widerstand – oder was davon übrigbleibt – zu neutralisieren. Jeder Klassenkampf verwandelt sich in einen Konflikt im Inneren des Einzelnen, der – anstatt der Gesellschaft die Schuld zu geben – fortan sich selbst beschuldigt. Auf diese Weise immunisiert sich jenes Regime unaufhörlich selbst. Die schon immer besiegten und isolierten, durch rücksichtslose Konkurrenz voneinander getrennten Individuen solidarisieren sich nicht, vereinigen sich nicht in einer Multitude und erheben sich auch nicht in einer massenwirksamen Revolution oder einem globalen Protest.

---

9 Byung-Chul Han, »Warum heute keine Revolution möglich ist«, in: ders., *Kapitalismus und Todestrieb. Essays und Gespräche*, Berlin 2019, S. 26-32.

Dieser gewissermaßen interne Blickwinkel, der die Macht scharfsinnig bei ihrer Aufrechterhaltung analysiert, mithin in ihrer Fähigkeit, jede gegnerische Kraft zu durchkreuzen und zunichtezumachen, bietet das Bild der Herrschaft als eines gut geölten Mechanismus, als eines kongruenten Systems, eines quasi technischen Dispositivs. Aber wie tiefgreifend sie auch immer davon beeinflusst sein mag, Politik ist nicht Technik. Risse, Sprünge und Zwiespalte treten fast überall hervor. Sicher, niemand kann sich vorstellen, dem Kapitalismus von Angesicht zu Angesicht gegenüberzustehen. Schon allein deswegen, weil der Kapitalismus die Welt selbst ist – eine Welt, in der das Zentrum überall und nirgends ist. Die kapitalistische Logik durchdringt Körper und Seele, sättigt die Umwelt, prägt die Lebensformen. Wenn der frontale Kampf so gesehen auch antiquiert erscheinen muss, heißt das jedoch nicht, dass es keine Margen der Dissidenz mehr gäbe, die sich nicht allmählich auch konsolidieren könnten. Es genügt, die Perspektive ein klein wenig zu ändern und mehr von außen, von den Rändern der Politik aus zu schauen, um Felder des Widerstands zu erblicken, Plätze, auf denen Solidarität erprobt und wieder der Wunsch nach Gemeinschaft artikuliert wird. Zwischen der Versuchung einer übertrieben siegessicheren Hypothese und der Diagnose eines wehmütigen Defätismus muss es einen anderen Weg geben, die tausend verschiedenen Kämpfe auf dem Planeten zu betrachten, die traditionelle Schemata in Frage stellen und den öffentlichen Raum neu konfigurieren.

Spätestens seit dem Ende des 20. Jahrhunderts ist »Revolution« der Name eines Ereignisses, das nicht stattgefunden hat oder – schlimmer noch – im Gewand seines absoluten Widerrufs erscheint. Von jenem Ereignis, das in der Geschichte von ganzen Generationen sehnsüchtig erwartet wurde, scheint nicht einmal der Name überleben zu dürfen – von seiner totalitären Karikatur entstellt, als archaisches Überbleibsel einer Vergangenheit abgeschrieben, die man vergessen sollte, zum Sinnbild verwerflicher subversiver Praktiken stigmatisiert. Revolution: ein Name, der aus dem öffentlichen Gedächtnis verdrängt und im normativen Diskurs der liberalen Demokratie verunglimpft wird.

Offensichtlich hat nicht nur die Zensur funktioniert, sondern auch die Selbstzensur gewirkt. In seinem Buch *Linke Melancholie* rekonstruiert Enzo Traverso die Auswirkungen eines irreparabel scheinenden Verlustes sowie einer Trauer, die unmöglich zu verarbeiten ist.[10] Niederlagen haben die Geschichte revolutionärer Bewegungen geprägt. Die heroischen Zeugnisse der Pariser Kommune, der dramatische Bericht über den Spartakusaufstand, die traurigen Bilder der spanisch-republikanischen Exilanten, das bewegende Foto, auf dem die Leiche Che Guevaras als Kriegstrophäe verewigt wurde – sie lösten Empörung und Bewunderung aus, stießen Bedauern und Courage an. Niemals jedoch führten sie zu Ohnmacht und Niedergeschlagenheit. Die Trauer war der rituelle Übergang einer Hoffnung,

---

10 Vgl. Enzo Traverso, *Linke Melancholie. Über die Stärke einer verborgenen Tradition*, übers. v. Elfriede Müller, Münster 2019.

die sich aus dem kritischen Blick auf die Vergangenheit heraus der Zukunft entgegenstreckte. Diese Hoffnung aber schien nun zu verschwinden, unter den Trümmern der Berliner Mauer begraben, von der Last eines epochalen Scheiterns erdrückt.

Schon vor der Arbeit der Zensur erwies sich die Trauerarbeit selbst als unmöglich. Denn wie ließe sich das Verschwinden dessen verarbeiten, was überhaupt nicht stattgefunden hat? Das könnte nur gelingen, wenn man den Traum für einen Albtraum nähme, die Revolution mit ihrer perversen Metamorphose verwechselte, den Kommunismus auf seine totalitäre Version reduzierte und sich zur Identifikation mit dem Staatsstalinismus gezwungen sähe. Eine unannehmbare Identifikation – und damit verhinderte Trauerarbeit. Welche Niederlage ist also zu beklagen? Welcher Verlust zu verarbeiten? Der einer besiegten, niedergeschlagen, bezwungenen Revolution? Oder der einer verlorenen, aufgegebenen, entflohenen Revolution? Der Verlust hat nicht so sehr die Bedeutung einer Niederlage als vielmehr die einer Abwesenheit angenommen. Das legt die Suche nach der verlorenen Revolution nahe, in ihrer ganzen Ambivalenz. Prousts Weg zurückverfolgend hieße dies, nach einer anfänglichen Entfremdung unterdrückte und verdrängte Potenziale wiederzuentdecken und verratene Versprechen freizusetzen.[11]

---

[11] In analoger Weise interpretierte Marcuse 1955 die proustsche *Recherche*; vgl. Herbert Marcuse, *Triebstruktur und Gesellschaft. Ein philosophischer Beitrag zu Sigmund Freud*, übers. v. Marianne von Eckardt-Jaffe, Frankfurt/M. 1979, S. 198f.

Man hätte diesem Haufen irreparabler Trümmer, die so schwer zu bewegen und noch schwerer wieder aufzubauen sind, einfach den Rücken kehren können. Das war alles, was von einem jahrhundertelangen Kampf nach dem Zusammenbruch von 1989 übrig zu bleiben schien, jenem Datum, das sich zu einem historischen Wendepunkt verdichtete, ein Vorher und ein Nachher markierte und das Zeitalter der liberalen Ordnung einleitete. Doch der Zusammenbruch, der auch die letzte Generation der verlorenen Revolten – die der 1960er und 1970er Jahre – erfasste, hatte auch jede Utopie mit sich gerissen. So setzte sich die Zeit der bereits in der Vergangenheit verdrängten Zukunft, des Verzichts, der Resignation und des Rückzugs durch. Und das ging auf Dauer auch an der Sozialdemokratie nicht spurlos vorbei, die so kompromiss- und anpassungsbereit war, dass sie allmählich in der Assimilation verschwand.

Die Suche nach der verlorenen Revolution verweist einerseits auf die Unmöglichkeit einer erfolgreichen Trauerarbeit, die zur vorbehaltlosen Akzeptanz der gegenwärtigen alternativlosen Ordnung führte, während sie andererseits die Wiederaufnahme einer verborgenen Tradition der Linken impliziert: diejenige der Melancholie. In den Reden der offiziellen Propaganda mit Stillschweigen übergangen, in den kanonischen Darstellungen einer großartigen Zukunft, eines glorreichen Epos vom unaufhaltsamen Fortschritt verschleiert, hat sich die Melancholie wie ein unterirdischer Strom unaufdringlich und ungreifbar gehalten, um gerade zwischen den Ruinen des ausgehenden Jahrhunderts wieder aufzutauchen. Denn damals sah sich die alte progressive und teleologische Vision widerlegt, die den Sozialismus als das Ende der Geschichte betrachtet. Aus dem Untergang dieser naiven und hartnäckigen Gewissheit entspringt die Melancholie. Während die Trauer transitorisch ist, da sie zu einem Abschluss kommt und endet, stellt die Melancholie eine dauerhafte, unvollendete Disposition dar, die sich – ohne in eine konservative Passivität zurückzufallen, in ein unaufhörliches Bedauern dessen, was gewesen ist – durch die Traumata der Niederlage auf die Sehnsucht danach projiziert, was erwartet wurde und nicht eingetreten ist, und die Erinnerung an die einstigen Versprechen wieder aufleben lässt.

Wenige Monate trennen den Fall der Berliner Mauer vom Jahrestag des Todes Walter Benjamins, der auf der Flucht vor den Nazis am 26. September 1940 in Portbou, einem katalanischen Dorf nahe der französischen Grenze, Selbstmord beging. 1990, also fünfzig Jahre später, wurde des Philosophen gedacht, der lange Zeit am Rande der europäischen Kultur stand, des deutschen Juden, der auf einzigartige Weise Marxismus und Messianismus miteinander verbunden hatte. Auch das war kein Zufall. Benjamins Engel mit seinen weit aufgerissenen Augen, den Blick fest auf die Ruinen gerichtet, kam genau im richtigen Moment, um im Fortschritt einen gefährlichen, lähmenden Mythos zu erkennen, aber auch, um auf die Möglichkeit eines messianischen Anhaltens hinzudeuten, auf eine in jedem Augenblick enthaltene revolutionären Chance. Nicht alles war endgültig verloren. Das *Passagen-Werk* und insbesondere die Thesen *Über den Begriff der Geschichte* wurden sehr bald zu Referenztexten für jene Linken, die sich weder vom Sirenengesang des Antitotalitarismus noch von dem des Liberalismus verlocken ließen. Mehr noch: Jene Texte bildeten die Ressource, um die Linke radikal neu zu denken, stellten den Hebel dar, um der reaktionären Welle zu widerstehen. Die Vergangenheit konnte im Augenblick der Gefahr die Zukunft erhellen: Dies lehrte uns Benjamin, ein melancholisch-messianischer Wächter, dessen Schriften einen Kompass zur Orientierung inmitten des Sturms, in der leeren Zeit des Kapitalismus bieten.

Was heißt Revolte?

Man sagt »Revolte« und denkt an die Unruhen in den italienischen Städten der Renaissance, an die Bürgerkriege, die im Inneren wie im Äußeren tobten, an die Bewegungen und Aufstände, die Machiavelli schließlich dahin brachten, den Begriff *status*, Staat, in seine Theorie einzuführen, um damit jene feste, beständige, unveränderliche Regierungsform zu bezeichnen, die später zur einzig möglichen aufsteigen sollte. Genau vor diesem Hintergrund hält das italienische Wort für »Revolte« [rivolta] – das sich vom Verb »rivolgere« und damit vom lateinischen *revolvere* emanzipiert hat, das »umkehren« »zurückwälzen« bedeutet – mit zunehmend metaphorischer Bedeutung Einzug in die Politik. Es spielt auf eine Umwendung, einen Umbruch, eine Veränderung an – und verrät so den nicht nur etymologischen Zusammenhang, der es mit der Revolution verbindet. Aber schon Jahrhunderte vor der Revolution verlieh die Revolte einer Ablehnung der Autorität Ausdruck. Revoltieren spielt auf die Kehrtwendung an und bedeutet, die

Seite zu wechseln, sich dem Gehorsam zu entziehen, dem Befehl zu entweichen. Die Chroniken der Zeit beharren auf dieser Charakteristik und berichten von rebellischen und ungehorsamen Städten auf der italienischen Halbinsel. Von Beginn an durchzieht ein anarchischer Geist die Revolte, ein Indiz, das auch bei der Betrachtung der heutigen Landschaft nicht außer Acht gelassen werden darf.

Das italienische Wort wandert, von aufrührerischen Winden begleitet, hier und da in andere Sprachen aus – in das Französische, Deutsche, Englische und Spanische –, passt sich aber ebenso den jeweiligen neuen Gegebenheiten an. Es erscheint daher immer häufiger in Begleitung eines »Gegen«, das seinen Charakter modifiziert und die Bedeutung von Opposition immer stärker akzentuiert. Im Zuge dieses Übergangs nimmt es insbesondere im französischen Kontext, ohne seine politische Bedeutung dabei jedoch gänzlich aufzugeben, allmählich moralische und psychologische Konturen an. Man spricht sodann auch von Revolte, um eine individuelle Empörung zu beschreiben.

Eine berühmte Anekdote darf auch hier nicht fehlen. In der Nacht des 14. Juli 1789 erfährt Ludwig XVI. vom Herzog von La Rochefoucauld-Liancourt, dass die Bastille eingenommen wurde, einige Gefangene befreit und die königlichen Truppen angesichts des Volkssturms desertiert waren. Es kam zu Unruhen. »Ist es eine Revolte?«, fragt der König. »Nein, Sire, es ist eine Revolution«, antwortet der Herzog. Der Begriff »Revolution« erscheint so zum ersten Mal auf der politischen Bühne und steigt vom Himmel, wo er eine zyklische Drehbewegung bezeichnete, zur Erde herab, um eine neue unwiderstehliche Bewegung namhaft zu machen, die in den kommenden Jahrhunderten dazu dienen sollte, die Kräfte zu orientieren und die Konfrontationslinien zu ziehen. Die Erstürmung der Bastille ist keine Revolte, sondern eine Revolution. Der Wandel lässt sich nicht mehr aufhalten. Die unerwartete Antwort des Herzogs stellt gewissermaßen die Geburtsurkunde der Revolution dar. Der König fragt weiter nach, erkundigt sich, welche Mittel notwendig seien, um dieser Herausforderung entgegenzutreten. Doch was geschehen ist, trägt bereits den Stempel der Unwiderruflichkeit. Der entscheidende Augenblick ist eingeläutet. Die Tore der Geschichte öffnen sich für immer der durch die Straßen der Stadt strömenden Volksmenge, den Armen und Unterdrückten, die – über Jahrhunderte in Dunkelheit, Enge und Schande verbannt – endlich ins Freie treten, um zu freien Protagonisten ihres eigenen Lebens zu werden.

Die Revolution hat ihren ersten Auftritt also neben der Revolte. Doch die Antwort des Herzogs an den König, jene kleine Korrektur, die ein Zuvor und ein Danach markiert, scheint die Revolte zugleich auch in den Schatten zu stellen, ja beinahe zu negieren. Als ob zwischen beiden eine Antinomie bestünde, als ob die Revolution, um anerkannt werden zu können, sich vor der Revolte verwahren müsste. Diese antinomische Sichtweise hat sich inzwischen fast überall durchgesetzt: im politischen Denken, in der Philosophie, in der Literatur. Dasselbe Muster wiederholt sich in vielen Variationen, setzt jedoch im Grunde genommen eine klare Antithese ein; als handele es sich um zwei tendenziell konträre Pole, die sich schließlich wechselseitig ausschließen. Wenn es eine Revolution gibt, findet keine Revolte statt – und umgekehrt. Nur äußerst selten wird nach einem Übergang gesucht; weitaus häufiger wird ein vermeintlicher Unterschied dingfest gemacht, der auf einen regelrechten Sprung hingedeutet.

Wer dabei den Kürzeren zieht, ist die Revolte, die durchweg den negativen Pol bezeichnet. Dessen bezichtigt, überhaupt keinen oder nicht in ausreichendem Maße politischen Charakter zu besitzen, erscheint die Revolte als jenes undurchsichtige und sprachlose Chaos, als jene furchterregende Unordnung, die sich schon unter den Sklaven an den Grenzen der *pólis* ausbreiten konnte. Von einem unmittelbaren Pathos bedingt, unfähig dazu, dauerhaft das Banner der Freiheit hochzuhalten und die souveräne Macht mit offenem Visier herauszufordern: so vergegenwärtigt sie auch Hannah Arendt, die sie in die Vergangenheit projiziert und von der Revolution trennt, jenem wahren Anfang, der Legitimität einfordert, indem er mit Gewalt in den öffentlichen Raum eindringt.[12]

Zu spontan, ungeduldig und überstürzt: Die Revolte wird meist als das Resultat von Launenhaftigkeit, flüchtigen Stimmungen und unbändiger Leidenschaft angesehen und daher weit entfernt von jeglicher Vernunft, von sorgfältiger Überlegung, strategischer Entscheidung. Sie trieft vor Wut, explodiert vor Zorn; aber am Ende bleiben von dieser Zerstörungswut nur traurige Scherben, unbrauchbare Bruchstücke. Die Revolte wird von Verzweiflung gequält, manchmal bis hin zum Schwindel der Aufopferung – mit keinem anderen Ergebnis als dem Tod des eigenen,

---

[12] Vgl. Hannah Arendt, *Über die Revolution*, München 2011, S. 47ff.

personalen Lebens wie bei den vielen vergessenen Rebellionen der afroamerikanischen Sklaven.

Die Revolte wäre damit kurzsichtig, nahezu blind. Gleichgültig gegenüber der Geschichte, auf deren Verlauf sie nicht einwirken kann, erhöbe sie sich nur aufgrund einer entschiedenen Ablehnung des Heute, ohne den Blick auf das Morgen zu richten. Sie wäre somit dazu verdammt, keine Zukunft zu haben. Und dazu verfügte sie auch über eine verengte Perspektive des Raumes, unfähig, über den zu bekämpfenden Feind und das zu überwindende Elend hinaus zu blicken. Sie bliebe verwirrt in der Gosse zurück, in der sie geboren wurde, ohne Bündnisse zu schmieden oder nahe und ferne Kämpfe zusammenzuschließen.

Selbst die siegreiche Revolte bliebe ohne Triumph. Sie führte nirgendwo hin, besäße nicht den Hauch einer Zukunft. Sie zerstörte die Macht, ohne sie zu übernehmen. Darin liegt das ewige Dilemma der großen Rebellen: Spartakus, Thomas Münzer, Pancho Villa. Trotz aller sie trennenden Distanz ist die verbindende Ähnlichkeit zwischen ihnen in jenem gegen die Ungerechtigkeit angestrengten explosiven Abenteuer zu suchen. Als Pancho Villa die Macht zu übernehmen scheint, offenbart er, dass er nicht regieren kann oder will; er verwaltet nicht, organisiert nicht, entscheidet nicht. Paradoxerweise kommt die Revolte genau in dem Moment zum Stillstand, in dem sie kurz vor dem Erfolg zu stehen scheint, in dem Augenblick, in dem sie die Geschichte verändern könnte. Das sinnfälligste Beispiel ist dasjenige von Spartakus, der vor dem bereits wehrlosen Rom haltmacht. Er hätte eigentlich nur noch Einzug feiern müssen – stattdessen aber verzichtet er. Ist dies der Verunsicherung und Orientierungslosigkeit des Aufständischen geschuldet, der noch kein Revolutionär ist? Oder der Rat- und Hilflosigkeit eines ehemaligen Sklaven, der nicht weiß, was mit Rom anzufangen wäre? Wie dem auch sei, Spartakus setzt seine Reise fort, macht sich wieder auf den Weg in Richtung der Berge und lässt diesen ungelegenen Triumph hinter sich. Etliche Interpreten haben daraus abgeleitet, dass sein Unternehmen die römische Gesellschaft vollkommen unberührt gelassen habe, ohne irgendein neues Prinzip einzubringen. Ist dem aber wirklich so?

In Bezug auf die Macht gilt die Revolte als nomadisch. Mit ihrer elektrischen Aufladung, ihrer glühenden Flamme, ihrem zerstörerischen Potenzial, ihrer umherirrenden Kraft kann sie wirbelhaft durch die Stadt fegen und ihr vielleicht schließlich sogar entkommen. Aber sie bleibt eine Nomadin, kampiert in Zelten am Stadtrand, unter Migrant'innen, Staatenlosen, Geächteten, Obdachlosen und Vagabund'innen. Sie ist nicht sesshaft wie die Revolution, die stattdessen versucht, die Kommandozentralen zu erobern, sich darin niederzulassen und einzurichten. Kurz: Während die Revolte lediglich die Macht destituiert, strebt die Revolution danach, sich ihrerseits zu institutionalisieren.

Nicht mögliches Gelingen und Erfolg machten den Unterschied aus. Reichweite und Sieg änderten nichts an der Bedeutung der Revolte, die weder eine kleine noch eine unfertige oder gescheiterte Revolution ist. Ihre Verschiedenheit wird erneut bestätigt und untermauert. Die Kluft erscheint unüberbrückbar. Ohne Führung im Sinne einer Vorhut, aber auch einer Befehlsgewalt, weiß die Revolte von Anfang an – aber gibt es überhaupt einen Anfang? – nicht, wie sie sich selbst regieren soll. Sie verleiht nur der Unmöglichkeit zu leben Ausdruck, veräußert jenes existenzielle Unbehagen, das sie nicht durchzuarbeiten und zu bewältigen weiß, außer vielleicht mit stummer Ablehnung und Verweigerung oder mit einem Schrei, den sie nicht politisch verbalisieren kann. Deshalb bleibt die Prägung des Einzelnen vorherrschend und es kann sich keine neue Gemeinschaft ausbilden.

Und das Negativurteil setzt sich weiter fort. Die Revolte kenne keine Doktrin, keinen Plan, kein Programm. Wenn sie eine Intuition hat, den Schimmer eines anhebenden Gedankens, so stellen sich diese rein zufällig ein. Sie beginnt nicht wie die Revolution mit einer Idee, die in der Geschichte verwirklicht werden soll, indem sie jenen starren Gleisen folgt, die zuverlässig die Richtung angeben. Revolution reimt sich auf Evolution. Die Revolte hingegen nimmt am großen Marsch des Fortschritts nicht teil, sie ist dem Projekt der Emanzipation nicht eingeschrieben. Im Gegenteil, sie ist ein Bruch, eine Unterbrechung, bezeichnet den Moment, in dem der Zug entgleist. Die Revolte ist weder fortschrittlich noch notwendigerweise reaktionär. Wenn sie sich gesenkten Blickes in Bewegung setzt, kann sie sogar die unvorhersehbare Richtung der soeben noch verworfenen Vergangenheit einschlagen. Ganz zu schweigen davon, dass sie, wie einige sarkastische Kommentatoren andeuten, für die amtierende Regierung sogar begrüßenswert sei, die, ohne davon wirklich erschüttert zu werden, die Gelegenheit nutzen könne, das eigene Gerüst abzusichern, die Armee auf die Probe zu stellen und die bereits geölte Polizeimaschine weiter zu schmieren.

Ohne eigentlichen Anfang sei die Revolte zugleich zur Wirkungslosigkeit verurteilt. Sie verschwindet ebenso schnell, wie sie aufgetaucht war, ohne eine Spur zu hinterlassen, außer vielleicht jene einer dramatischen Niederlage. Auf dem Grund der Menschheitsgeschichte bleiben daher unzählige Revolten zurück, die zum Schweigen und Vergessen verurteilt sind.

Der Schrei des Einzelnen und die Wunden der Geschichte

Eine derart stark dichotomische, eine so starre und lapidare Sichtweise, die die Revolte im Namen der Revolution berufungslos verurteilt, ist nahezu allgegenwärtig und wird etwa auch von einem großen Schriftsteller wie Victor Hugo geteilt, obgleich dieser mit *Les Misérables* eine unvergessliche Beschreibung von ihr geliefert hatte. Doch auch Marx und Engels zogen jedweder Blitzaktion eine evolutionäre, homogene und beständige Veränderung vor. Dies erklärt unter anderem, warum Marx die von den Anarchisten unterstützten antikolonialen Bewegungen vernachlässigte und er, insofern er der Abschaffung der Sklaverei nicht das gebührende Gewicht beimaß, schließlich auch die haitianische Revolution der »schwarzen Jakobiner« unterschätzen musste. Man könnte dabei an die üblichen Meinungsverschiedenheiten zwischen Anarchisten und Marxisten denken. Aber auch die bekannten Passagen Bakunins zur

Verteidigung der Revolte ändern die Perspektive nicht grundlegend. Einigen wiederkehrenden Stereotypen folgend, wird die als »spontan, chaotisch und unerbittlich« angesehene Revolte vor allem aufgrund ihrer negativen und »destruktiven Leidenschaft« geschätzt. Und, ob man will oder nicht, so Bakunin, »es kann keine Revolution geben ohne weitreichende, leidenschaftliche Zerstörung«. Doch auch für ihn reicht die Revolte, obgleich zunächst unentbehrlich, »als Grundlage einer revolutionären Tat bei weitem nicht aus«.[13]

In der Mitte des 20. Jahrhunderts findet die Revolte – auf der Welle der Nachrichten, die von der Entwicklung der sowjetischen Revolution durchdringen – in Albert Camus ihren Verfechter. Bei ihm wird der Begriff in philosophischen Rang erhoben. *L'Homme révolté* erscheint am 18. Oktober 1951 und ist sogleich heftig umstritten. Das Buch wird offen angegriffen und zur Zielscheibe etlicher, Sartre nahestehender Intellektueller. Als eigentliches Thema der Debatte, die nach und nach eine immer bitterere und persönlichere Färbung annimmt, kann das Verhältnis von Gewalt und Politik gelten: »Rechtfertigt das Ziel die Mittel? Das ist möglich«, stellt Camus gegen Ende seines Buches fest. »Doch wer wird das Ziel rechtfertigen?«[14] Die Frage betrifft die beunruhigenden Resultate des realen Kommunismus. Es wäre jedoch voreilig und irreführend, in dieser Polemik, die zum endgültigen Bruch mit Sartre führen wird, die Kon-

---

13 Michail Bakunin, *Staatlichkeit und Anarchie und andere Schriften*, übers. v. Alexandra Petrow, Frankfurt/M. 1972, S. 444.

14 Albert Camus, *Der Mensch in der Revolte*, übers. v. Justus Streller, Reinbek 1969, S. 330.

frontation zwischen einer marxistischen Orthodoxie und einem libertären Denken zu sehen. Die Positionen sind weitaus differenzierter und nuancierter.

Angesichts der Enthüllungen über die Arbeitslager, die Prozesse gegen Dissidenten, die repressiven Regierungstechniken, ist Camus daran gelegen, eine Bilanz der von Marx inspirierten Revolutionen des 20. Jahrhunderts zu ziehen. Vor Gericht gestellt wird der Totalitarismus, in einem ähnlichem Tonfall und mit analogen Modalitäten wie bei Arendt. Doch die Bilanz entspricht eher einer regelrechten Abrechnung als einer wohlbedachten Abwägung. Den Preis dafür hat Marx zu zahlen, der nicht nur zusammen mit Lenin, Trotzki und Stalin auf die Anklagebank zitiert wird, sondern auch als der eigentliche ideologische Verantwortliche für die totalitäre Abdrift gilt. Am Grund dieses kursorischen Urteils wird eine politische Ambiguität sichtbar, die man Camus noch lange vorwerfen wird. Er spricht von seiner beinahe organischen Intoleranz gegenüber der Ungerechtigkeit, ohne jedoch darzulegen, warum sie aufseiten der Erniedrigten zu verorten ist; er erklärt sie (sich) nicht, sondern beschränkt sich darauf, diese festzustellen. Sein Beil richtet die Revolution, die sich stets und in jedem Fall schuldig macht, die Idee in die Geschichte einführen zu wollen und sich dazu der Revolte zu bedienen, die sie schließlich systematisch verrät, terrorisiert und erstickt. An seiner Trauerrede auf die Revolution und ihr unvermeidliches Scheitern überrascht die entschiedene Antithese zur Revolte. Camus schließt kategorisch aus, dass es einen Übergang, eine Kontinuität geben könne: Entweder man ist ein Revoltierender oder man ist Revolutionär.[15] Zudem ist das Schicksal des Revolutionärs besiegelt: Entweder wird er zum Unterdrücker oder er endet als Ketzer. Damit greift Camus jedoch lediglich das Klischee bezüglich des Verhältnisses von Revolte und Revolution wieder auf – und kehrt es um. Daher sein eindringliches und bisweilen ergreifendes Lob der Revolte, dem es aber leider nicht an den von Sartre hervorgehobenen moralistischen Akzenten fehlt.[16]

Die Revolte ist der Aufschrei des Einzelnen, der sich gegen die Absurdität der Existenz erhebt, sie ist seine Ablehnung der Ungerechtigkeit, seine Zurückweisung des Grauens. Hinter der »Kehrtwendung« des Sklaven, der sich gegen seinen Herren stellt, erahnt man den Widerstand des Individuums, das Gefahr läuft, von der bürokratischen Maschine der neuen totalitären Macht zermalmt zu werden. Die Revolte zieht eine Grenze und während sie »Nein« sagt, sagt sie zugleich auch »Ja«. Der Mensch in der Revolte weist die Übergriffe zurück, hält aber an dem fest, was er von sich selbst zu bewahren hat, angefangen bei der eigenen Freiheit. In diesem Sinne ist die Revolte eine unabdingbare Dimension der Existenz. Der entfremdete Einzelne rebelliert, insofern er sich in der Welt als ein

---

15 Genau dies wird ihm sodann von Pierre Victor vorgehalten werden: »Ich glaube nicht, dass ein revoltierender Intellektueller in Frankreich eine revolutionäre Position einnehmen kann, wenn er nicht die Revolte der Arbeiter kennenlernt«; Jean-Paul Sartre, Philippe Gavi und Pierre Victor, *Der Intellektuelle als Revolutionär. Streitgespräche*, übers. v. Annette Lallemand, Hamburg 1982, S. 244.

16 Vgl. Jean-Paul Sartre, »Réponse à Albert Camus«, in: ders., *Situations IV*, Paris 1964, S. 90-125.

Fremder fühlt. Aber genau diese Fremdheit ist das, was er mit den anderen teilt, was ihn ihre Komplizenschaft und Solidarität spüren lässt: »Ich revoltiere, also sind wir«.[17]

Camus wirkte 1936 an der Abfassung und Inszenierung des Theaterstücks *Révolte dans les Asturis* mit, das vom Aufstand der Bergarbeiter von Oviedo erzählt, der von der Guardia Civil blutig niedergeschlagen wurde – im Übrigen ein Beleg für seine Loyalität zur spanischen Sache. Wie es in jenem Stück der Einzelne ist, der sich mit seiner quijotischen Geste zum Träger der libertären Kräfte macht, so ist auch der Protagonist der Revolte stets das Individuum in seiner tiefen moralischen Empörung. Von dort aus eröffnet sich aber kein Durchgang zur gemeinsamen Aktion mehr.

So kommt Camus das unbestrittene Verdienst zu, die Revolte zum Thema literarischer Reflexion erhoben zu haben, ohne dass dies aber weitergehende politische Konsequenzen nach sich gezogen hätte. Die Revolte ist kurzlebig, ohne weitere Auswirkungen. Und sie hat keinen Einfluss auf die Art und Weise, wie wir die Revolution sehen. Zudem bleibt das folgende Dilemma bestehen: Ist die Revolte rein und unnachgiebig, verzichtet sie auf die Macht und liefert sich der Ohnmacht aus; verhandelt sie hingegen mit der Macht, ist sie bereits unmittelbar kompromittiert und unterworfen.[18]

Selbst diejenigen, die die Revolte verteidigen möchten, drängen sie schließlich in die trostlosen Nischen der Geschichte ab und verbannen sie damit an den Rand der

---

[17] Albert Camus, *Der Mensch in der Revolte*, S. 31 (Übers. geändert).

[18] Vgl. George Bataille, »L'affaire de ›L'homme révolté‹«, in: ders., *Œuvres complètes*, Bd. XII, Paris 1988, S. 210-213.

Politik. Kann die Antithese zwischen Revolte und Revolution aber wirklich Gültigkeit beanspruchen? Handelt es sich dabei nicht um eine abgedroschene begriffliche Dichotomie? Womöglich sind beide Teil einer revolutionären Kinetik, im Rahmen derer nicht definiert werden kann, an welchem Punkt die eine in die andere mündet. Wäre es aus diesem Grund nicht auch an der Zeit, die Revolution zu überdenken? Zu behaupten, die Revolte zeitige niemals längerfristige Auswirkungen, hieße, die Bedeutung der Zeugenschaft zu unterschätzen und die Geschichte auf eine statische Weise zu verstehen, so als sei die Vergangenheit abgeschlossen, für immer beendet und könne nicht in einer anderen Gegenwart und einer veränderten Perspektive neu lesbar werden. Der Warschauer Aufstand war – als bereits alles verloren war – weder eine Geste der Verzweiflung noch ein Akt des Stolzes, sondern eine unvergessliche Mahnung, die in die Geschichte der Besiegten eingraviert ist, ein Ansuchen, eine Forderung, die auf ihre Erhörung und Befreiung wartet.

Vielleicht konnte nur ein Philosoph die Revolution radikal neu denken, der bereit war, den Fortschritt auf die Idee der Katastrophe zu gründen, die Dialektik zu durchbrechen und im scheinbar geradlinigen Geschichtsverlauf Brüche und Diskontinuitäten auszumachen; der dazu entschlossen war, Marx' legendäre Lokomotive durch das nicht weniger wirksame Bild der Notbremse zu konterkarieren. Für Benjamin markiert jener Riss, der sich plötzlich eröffnet und durch den die Wunden hervortreten, welche die Geschichte nicht heilen konnte, den Augenblick des erwarteten Ausbruchs, der legitimen revolutionären Gewalt. So wird die Revolution zu einem politischen Ereignis mit messianischen Untertönen. Es ist nicht weiter verwunderlich, dass Benjamin unter dem Einfluss des Anarchismus insbesondere die explosive Aufladung und den ekstatischen Rausch im Blick hat. Das deckt sich mit der Figur des Intellektuellen, der wie ein Lumpensammler durch die Passagen und unterirdischen Gänge von Paris wandert, um hier und dort das Flüstern und Zittern der Vergessenen, der Verborgenen, der Marginalisierten einzusammeln. Diese seine Revolution streift die Revolte jedoch bei nur zwei Gelegenheiten: Die erste fällt ins Jahr 1926, als er während der »Reise durch die deutsche Inflation« haltmacht, um von der Armut zu sprechen. Hier ist es nicht die Qual des Einzelnen, welche die Revolte auslöst, sondern die Armut der anderen. Niemandem sei es gestattet, seinen Frieden mit diesem »riesige[n] Schatten« zu schließen, angesichts dessen der einzuschlagende Weg nicht »die abschüssige Straße des Grams« sein kann, sondern nur »de[r] aufsteigende Pfad der Revolte«.[19] Drei Jahre später fragt er sich sodann unter Berufung auf Bakunin, ob es möglich sei, die »rauschhafte Komponente«, die in jedem revolutionären Akt am Werk ist – also die »anarchische« –, aufrecht und lebendig zu halten und die Revolte so mit der Revolution zu verbinden, dass eine »zwischen Übung und Vorfeier schwankende Praxis«[20] möglich werde.

---

[19] Walter Benjamin, »Einbahnstraße«, in: ders., *Gesammelte Schriften*, Bd. IV.1, Frankfurt/M. 1972, S. 83-148, hier S. 97.

[20] Walter Benjamin, »Der Sürrealismus. Die letzte Momentaufnahme der europäischen Intelligenz«, in: ders., *Gesammelte Schriften*, Bd. II.1, Frankfurt/M. 1977, S. 295-310, hier S. 307.

Mehr sagt Benjamin nicht. Seine Frage bleibt offen. Herbert Marcuse wird sie beinahe ausdrücklich wieder aufgreifen. Als Augenzeuge der Pariser Mai-Rebellion sucht er inmitten der dichten Rauchschwaden einer Explosion, die sich unaufhaltsam von New York bis Rom, von Mexiko-Stadt bis Tokio ausbreitet, nach ihren interpretativen Koordinaten. Der Aufstand der Studenten, die sich im Quartier Latin, den alten Gassen rund um die Sorbonne, spontan der Polizei entgegenstellen, besitzt symbolischen Wert. Die umgestürzten Autos, die entfernten Straßenschilder, das aufgerissene alte Straßenpflaster: Aus dem fast völlig versteinerten Untergrund der Unruhen von 1848 und den Tagen der Kommune kommen der Traum von der Revolution und das Gespenst der Niederlage zugleich wieder zum Vorschein. Die Verweise auf die Vergangenheit vervielfachen sich und nehmen emblematische Bedeutung an. Umso mehr für Marcuse, der gerade zwanzigjährig am Spartakusaufstand in Berlin teilgenommen und sich an der bewaffneten Verteidigung des Alexanderplatzes beteiligt hatte.

So durchlebt Marcuse in den »Flammen« von Paris – vielleicht ein wenig bitter oder verbittert – seine eigene vergangene Erfahrung wieder. Er achtet auf die Graffitis an den Häuserwänden, wo die Revolte sich in den Worten von Marx und Breton artikuliert. Der neue Slogan »l'imagination au pouvoir« verbindet sich mit der Parole »les comités (soviets) partout«.[21] Dieser implizite Verweis ist für ihn alles andere als indifferent. Bereits zuvor hatte er über die Revolten der Schwarzen in Amerika nachgedacht, die tag-

---

[21] Herbert Marcuse, *Versuch über die Befreiung*, übers. v. Helmut Reinicke und Alfred Schmidt, Frankfurt/M. 1969, S. 41.

täglich als Kontrollmaßnahmen getarnte Polizeigewalt an ihrem eigenen Leib erfuhren. Bis zum Ende wird er nicht müde werden, vor der Konzentration des Repressionsapparates zu warnen, vor jener doppelten Verwandlung des Polizeilichen in das Militärische und des Militärischen in das Polizeiliche, die nur durch eine weit um sich greifende Revolte, durch eine dezentralisierte Verweigerung eingedämmt werden kann.

Trotz seiner unerbittlichen Kapitalismuskritik bleibt Marcuse indes an die Schemata der Orthodoxie gebunden und ist nicht in der Lage, diese Revolte von unten zu entschlüsseln. Die Studentenbewegung mag vielleicht »das Ferment der Hoffnung« sein, aber sie ist weder die Arbeiterklasse noch eine Avantgarde, die in der Lage wären, jenen Teufelskreis zu durchbrechen, durch den sich der Kapitalismus, indem er sich die Opposition einverleibt, selbst perpetuiert.[22]

Spartakus' Übermorgen

Eine Ausnahme von der üblichen Art und Weise, die Revolte zu verstehen, stellt das Urteil Furio Jesis dar. Auf den Seiten seines im Jahr 2000 postum veröffentlichten Buches *Spartakus* mischt sich das aus eigener Erfahrung widerklingende Echo von 1968 mit dem des Berliner Spartakusaufstandes, der wegen seiner symbolischen Bedeutung zum Ausgangspunkt erkoren wird.

---

[22] Vgl. ebd., S. 92.

Alles geschah und endete in den ersten zwei Wochen des Jahres 1919, und zwar im Rahmen einer Beschleunigung, welche die Protagonisten selbst überwältigen musste. In dieser grausamen Niederlage, die innerhalb der Geschichte der Linken zu einem Mythos geworden ist, können die Fragmente der Revolte in einem reflektierten und verdichteten Bild gelesen werden.

Schüsse in der nächtlichen Kälte von Berlin. Die Spartakisten rebellierten und kämpften verzweifelt gegen die brutalen Kriegsherren an, die Eigentümer des Geldes, die feigen Verräter der Arbeiterklasse, aber auch gegen die Ungeheuer der Winternacht und die Dämonen einer unsolidarischen Stadt – das granitisch drohende Symbol der Herren und Besitzer. Der pangermanischen Propaganda und des kriegerischen Patriotismus eingedenk, der die Barbarei des Weltkriegs hervorgebracht hatte, erhoben sie sich, um der Enge der Nation zu entkommen, um nicht länger Deutsche zu sein. An jeder Ecke, jeder Kreuzung eröffneten sie das Feuer gegen all diese symbolischen Gegner und ungreifbaren Feinde, ohne ihnen gegenübertreten und sie dingfest machen zu können. Die ihre war daher eine reine Revolte, nicht von unmittelbaren politischen Umständen diktiert, sondern rein und direkt gegen die monströsen Symbole der Macht gerichtet. Wichtiger als diese Dämonen zu zerschlagen war es, sie überhaupt zu bekämpfen. Der Sieg lag im Kampf selbst.

Der Name Spartakus rief die mythische Vergangenheit des Sklavenaufstandes vielsagend in die Gegenwart zurück. Der Spartakusbund hielt am 31. Dezember 1918 seinen Kongress ab. Und noch am selben Tag beschloss er die Gründung der Kommunistischen Partei Deutschlands. Die führenden Mitglieder, darunter Rosa Luxemburg und Karl Liebknecht, befürworteten eine Teilnahme an den kurz darauf stattfindenden Wahlen, weil sie es für notwendig erachteten, die Nationalversammlung von innen heraus aus den Angeln zu heben und sie als Forum zu nutzen, um zu den Massen zu sprechen, bis eine größere politische Reife erlangt sein würde. Die Mehrheit der Delegierten stimmte jedoch dagegen. »Jetzt oder nie!« – die Aktion schien unwiderruflich festzustehen. Die Revolte brach aus, noch bevor die Partei überhaupt irgendwelche Schritte unternehmen konnte und überging diese schließlich ganz – ein beredter Beleg für die paradigmatische Antithese zwischen Partei und Revolte.

In Berlin waren die revolutionären Kräfte beachtlich. Das Ziel war es, die Symbole der Macht zu erobern, indem versucht wurde, die Verwaltungssitze der Zeitungen, der Staatsdruckerei und des Kriegsministeriums zu besetzen. Man war der festen Überzeugung, dass dies auch die anderen deutschen Städte zum Handeln anspornen würde, was zum Teil auch tatsächlich der Fall war. Die sozialdemokratische Restregierung unter Friedrich Ebert hatte jedoch schon seit längerer Zeit ihre kampfstarken Infanterietruppen und Kavalleriedivisionen um Berlin konzentriert. Tagelang opferten Tausende von Arbeiterkämpfern ihr Leben, um strategische Positionen zu verteidigen, die nicht lange gehalten werden konnten. Am 9. Januar wurde das Hauptquartier der »Roten Fahne«, dem publizistischen Organ der Spartakisten, unter Maschinengewehrfeuer aufgegeben. Luxemburg und Liebknecht, die trotz ihrer anfänglichen Gegnerschaft auf der Seite der Aufständischen geblieben waren, wollten nicht anderswo Schutz suchen und flüchteten sich in ein Viertel, in das die konterrevolutionären Truppen sich nicht hineintrauten. In dieser überaus heiklen Lage schrieben sie sodann einige Artikel, prüfende Auseinandersetzungen mit ihren dramatischen Erfahrungen. Eine Falschmeldung veranlasste sie schließlich, ihre einigermaßen sichere Zufluchtsstätte zu verlassen. Am 15. Januar wurden sie verhaftet und am späten Abend ermordet. Die Leiche von Liebknecht wurde in einer Notaufnahme abgelegt. Von Rosa Luxemburg hingegen gab es lange Zeit keine gesicherten Nachrichten. Monatelang kursierte in den Berliner Arbeitervierteln das Gerücht, dass sie entkommen und noch am Leben sei, bis im Frühjahr ihr Körper aus dem Landwehrkanal gefischt wurde.

Unter den gezielten Hieben einer rücksichtslosen Repression scheiterte der Spartakusaufstand auf schlechtmöglichste Weise, aufgrund organisatorischer Unfähigkeit sowie einer schwerwiegenden Verzerrung der politischen Perspektive. Die Symbole der Macht konnten nicht erobert werden und es gelang noch nicht einmal, das Ausmaß der Niederlage zu begrenzen. Das Blutvergießen war katastrophal. Das Berliner Proletariat verlor seine Aktivist*innen, die radikale Linke fast alle ihre Führungsfiguren. In kürzester Zeit löste sich damit auch die Spannung, die sich über Jahre aufgebaut und die ein langes, krampfhaftes Warten verursacht hatte, das in eine Revolution hätte münden können. So wurde es möglich, ein für alle Mal die Ordnung wiederherzustellen.

Es wäre durchaus naheliegend, daraus ein negatives Urteil bezüglich des Aufstandes abzuleiten. Das entspricht jedoch nicht dem von Jesi beschrittenen Weg, der versucht, die Revolte nicht vom Standpunkt der gelungenen oder verfehlten Revolution aus zu bewerten und sie nicht mit Blick auf die Ziele zu beurteilen, sondern sie auf Grundlage der Zeit zu betrachten. Darin nämlich liegt ihr Vorzug und Verdienst. Plötzlich, unerwartet, jäh und blitzartig einbrechend, fügt sich die Revolte nicht sofort und unmittelbar in eine Strategie, es sei denn aufgrund einer nachträglichen Vermittlung, die das mögliche Ergebnis des Entwurfs darstellt, auf den die Revolution abzielt. Während letztere stets in die geschichtliche Zeit eingelassen bleibt, unterbricht die Revolte diese hingegen, setzt sie außer Kraft und etabliert eine andere Zeit. Kurz: Die Revolte ist »Suspendierung der geschichtlichen Zeit«.[23] Der Begriff »Evasion« wird vermieden, da er irreführend wäre, insofern er die Idee eines Rückzugs von den Leiden der Geschichte nahelegte. Auch das kann vorkommen. Aber die Revolte ist viel mehr. Diejenigen, die daran teilnehmen, machen eine seltene Erfahrung: Die Zuflucht vor der geschichtlichen Zeit, die sie gesucht hatten, erweitert sich plötzlich zu einer gemeinsamen Zuflucht. In Raum und Zeit der Revolte findet eine ganze Gemeinschaft eine Heimstatt.

Jesi räumt ein, dass er noch an jener verbreiteten Sichtweise festhält, die Revolte und Revolution unterscheidet, ja beinahe strikt voneinander trennt. Schon Luxemburg hatte

---

[23] Furio Jesi, *Spartakus. Simbologia della rivolta*, Turin 2000, S. 23; dt. Teilübersetzung in: ders., *Die Suspendierung der geschichtlichen Zeit*, übers. v. Barbara Kleiner, Ostfildern 2012, S. 26.

indes eher eine Kontinuität betont, die es erlaubte, in der Revolte den revolutionären Keim aufzufinden, die Aufstände auszulösen und den Niederlagen Bedeutung zu verleihen. Noch in den Tagen unmittelbar vor ihrem Tod war sie in einem berühmt gewordenen Artikel dafür eingetreten: »Wo wären wir heute *ohne* jene ›Niederlagen‹!«[24]

Jesi bewegt sich indes innerhalb der dialektischen Schemata des Marxismus. Deshalb sieht er in der Revolution das Ergebnis einer Überwindung der inneren Widersprüche des Kapitalismus und in der Revolte einen schwerwiegenden strategischen Bruch, der überhaupt keine oder sogar reaktionäre Auswirkungen hat. Dennoch verleiht er einer wichtigen Intuition Ausdruck. Man darf nicht bei der Außenperspektive stehen bleiben, die die Revolte nur im Hinblick auf die Geschichte beurteilt und gleichsam auch schon vor Gericht stellt. Die Revolte muss für sich selbst betrachtet werden, in ihrer Autonomie, in ihrer geschärften, übersteigerten Zeiterfahrung. Während die Revolution das Morgen vorbereitet, beschwört die Revolte das Übermorgen herauf. Sie stellt also einen Augenblick der blendenden Erkenntnis dar, insofern sie einen Durchblick in die Zukunft eröffnet. Daher ihre Unzeitgemäßheit. Diejenigen, die noch kein Heute haben, können dazu gedrängt werden, sich zu Protagonisten des Augenblicks aufzuschwingen und die geschichtliche Zeit zu suspendieren, und zwar in einem Versuch, der einerseits gewaltsam zwingend ist wie das Attentat und andererseits die Auswirkungen vernachlässigt, sich nicht um das eigene Über-

---

24 Rosa Luxemburg, »Die Ordnung herrscht in Berlin«, in: dies., *Gesammelte Werke*, Bd. 4, Berlin 2000, S. 531-536, hier S. 534.

leben kümmert. Aufgrund dieser ihrer konstitutiven Unzeitgemäßheit ist die Revolte eine ungeduldige Epiphanie des Übermorgen.

Die Grenzen des öffentlichen Raumes

Nicht allen Revolten ist dieselbe subversive Ladung zu eigen. Der Unterschied liegt dabei nicht nur in den Forderungen, bei den Protagonisten, den eingesetzten Mitteln, den gewählten Zeitpunkten und Orten. Vielmehr ist das entscheidende Kriterium, ob sie sich im Innen oder im Außen verorten, ob sie die Grenzen des öffentlichen Raumes achten oder dessen Grenzen sprengen. Man könnte sagen, dass eine Revolte konventionell ist, wenn sie zwar durchaus neuartig, kreativ und radikal ist, jedoch innerhalb der vorgegebenen Grenzen verbleibt; und dass sie subversiv ist, wenn sie die politische Architektur durcheinanderbringt, stört und destabilisiert. Die konventionelle Revolte vollzieht sich in bereits instituierten und etablierten Formen und führt neue Motive allenfalls im Rahmen der öffentlichen Konfrontation ein. Die subversive Revolte hingegen untergräbt den Rahmen der Politik selbst.

Es war Hannah Arendt, die Politik explizit im öffentlichen Raum verortete. Der eigentliche Geburtsakt läge genau im Übergang von der privaten Sphäre zu derjenigen, in der Individuen miteinander interagieren, indem sie sich zeigen und füreinander erscheinen. Die *pólis* ist nicht, wie allgemein angenommen, der Stadtstaat, das heißt ein in einem bestimmten Territorium situierter Ort, sondern der

»Erscheinungsraum«.[25] Diese Konzeption hat in den liberalen Demokratien unbestreitbaren Erfolg gehabt – was sich auch durch die Bedeutung erklärt, die das allgemeine Rampenlicht im Zeitalter des äußeren Scheins eingenommen hat. Sicher ist, dass sich die Verbindung zwischen Politik und Öffentlichkeit derart erhärtet und verstetigt hat, dass sie zu einer Selbstverständlichkeit geworden ist. Das gilt sowohl für diejenigen, die sich im Inneren befinden und denen das Vermögen zukommt, zu erscheinen oder sogar darüber zu entscheiden, wem dieses zuzugestehen ist, als auch für diejenigen, die im Außen verbleiben. Etliche Protestbewegungen, Demonstrationen und Besetzungen von öffentlichen Räumen beanspruchen – über ihre verschiedenen Anliegen hinaus – letzten Ende ein Recht des Erscheinens. Für Judith Butler geschieht dies durch eine Versammlung von Körpern, die sich vereinigen, um Sichtbarkeit zu erlangen und jenem neuen »politischen Körper« gleichzeitig eine erkennbare Form zu verleihen.

Der Kampf um die Sichtbarkeit zielt wesentlich auf Anerkennung ab. Anstatt im Schatten zu verbleiben und sich im Schweigen zu verschließen, suchen die unzufriedenen Bürger'innen so nach Zugangswegen zum öffentlichen Raum, um ihren Dissens auf unterschiedliche Weisen zum Ausdruck zu bringen und ihre Forderungen zu formulieren. Selbstverständlich entspricht dieser damit exakt dem demokratischen Raum. Die demonstrierenden Bürger'innen, die mit ihren Gesten oder Worten die eigenen Beschwerden vorbringen, ihre Rechte einfordern, sich exponieren

---

25 Hannah Arendt, *Vita activa oder Vom tätigen Leben*, München 2006, S. 250.

und öffentlich ins Spiel bringen, betreten diesen Raum als »politisches Subjekt« und verpflichten sich, dessen Regeln, Register und Vorschriften zu teilen. Auch die Ungehorsamen stellen in dieser Hinsicht keine Ausnahme dar. Trotz des radikalen Charakters der Herausforderung ist ihr Akt ein öffentlicher, der unter die demokratischen Protestformen fällt – auch wenn er bis an deren Grenze geht.

Dabei spielt es keine Rolle, ob jener Raum deliberativ oder konfliktuell, als Ort der Diskussion oder als Schauplatz der Konfrontation verstanden wird. Das über lange Zeit vorherrschende Modell, dessen bekanntester Vertreter Jürgen Habermas ist, entwirft eine rationale Debatte, in der Kontroversen geregelt, Streitfragen und Meinungsverschiedenheiten ausgehandelt werden. Es ist das kommunikative Handeln, das demokratische Verständigung möglich macht.

Diejenigen, die dieses offenkundig irenische Modell kritisieren, argumentieren mit der unabdingbaren Konfliktualität, indem sie sich zumeist auf Carl Schmitt und seine berühmte Aussage berufen, dass es einen Feind brauche, damit es überhaupt echte Politik geben könne. Der Feind ist dabei weder Konkurrent noch Gegner und muss vor allem öffentlich klar identifizierbar sein. Leben und Tod hängen davon ab. Denn Feindschaft sei für die Identität wesentlich: Ein Selbst kann es nur durch die immunisierende Zurückweisung des zum Feind gestempelten Anderen geben. So gesehen wäre es ein Zeichen von innerer Zerrissenheit und Doppelzüngigkeit, mehrere, unterschiedliche Feinde zu haben oder aber – was auf dasselbe hinausläuft – seinen Feind nicht erkennen und ausweisen zu können. Denn genau darauf gründet sich die

Identität des Selbst, die ansonsten zersplittern und viele verschiedene Masken hervorbringen würde. Entweder-Oder – Schmitt denkt durchgängig in dichotomen Begriffen. Seine Politik der Gewalt ist eine Politik der Identität, die sichere Grenzen erfordert; daher auch seine Hydrophobie, seine Abneigung gegen das Meer, gegen jene anarchische Weite, die sich dem Gesetz der Grenzen entzieht. Die Grenze ist nichts anderes als die Kriegsfront, die den Raum des »Politischen« definiert.[26] Der dementsprechende Horizont ist der eines letzten Schützengrabens, eines kriegerischen Aufeinandertreffens oder vielmehr – die Charakteristiken der gegenwärtigen Kriege in Rechnung gestellt – eines Duells längst vergangener Zeiten. Es weht ein Lüftchen von Aufopferung, heroisches Pathos scheint hindurch, unnachgiebige Spannung dominiert. Es ist nur schwer vorstellbar, dass Frauen an dieser Front einen Platz finden könnten. Aber warum sollten sie auch?

Um im öffentlichen Raum zu intervenieren, bedarf es also im einen Fall der Aufgeschlossenheit für Diskussion und Konfrontation, im anderen der Bereitschaft zum Kampf. In beiden Fällen verbleibt man jedoch innerhalb des einmal festgelegten Rahmens. Mehr noch: Diese Rahmungen werden bekräftigt und ratifiziert. Für gewöhnlich wird angenommen, dass das konfliktuelle Verhältnis à la Schmitt der ultimative Ausdruck der Radikalität sei, die ein politischer Kampf überhaupt erreichen kann. Doch dieser Konflikt führt nicht zu einem effektiven Bruch zwischen den jeweiligen Parteien. Oftmals wurde den streikenden Arbei-

[26] Vgl. Carl Schmitt, *Der Begriff des Politischen*, Berlin [9]2015.

tern vonseiten der konservativen Parteien vorgeworfen, das soziale Band zu durchtrennen; aber dieses Band wird weder aufgelöst noch aufgekündigt. Wer sich auf einen Konflikt mit einem Individuum, einer Gruppe oder einer Institution einlässt, verortet sich bereits im öffentlichen Raum, akzeptiert dessen Grenzen und Bedingungen, artikuliert und vermittelt den Antagonismus nach eben jenen Modalitäten.[27] Er erkennt den Anderen – wenn auch als Feind – an, an den oder gegen den er sich wendet, von dem er eine Antwort verlangt und damit eine wechselseitige Beziehung verbürgt. Eben deshalb markiert dieser Kampf, obwohl er zunächst als ein Bruch erscheinen mag, schließlich stets auch ein Moment der Integration.

Dahinter ist die Vorstellung auszumachen, dass sich Politik auf die Reziprozität der öffentlichen – physischen oder medialen – Bühne beschränke. Wer diese Bühne betreten will, muss bereit sein, sich zu engagieren, das heißt sich zu verpflichten, sich in der ersten Person aufs Spiel zu setzen, sein Gesicht zu zeigen. Man unterschreibt Petitionen, ergreift in einer Versammlung das Wort, nimmt an Demonstrationen teil. In diesem Sinne demonstriert, kämpft und manifestiert man, um sich zu manifestieren.

Entscheidend ist das Engagement [impegno], das die Bürgerïnnen eingehen müssen, also buchstäblich die Gage, das Unterpfand [pegno], zu dem sie sich verpflichten, ihr Einsatz, der Preis, den sie zu zahlen bereit sind. So gesehen ist es kein Zufall, dass wir von politischem

[27] Zur Konfliktualität im öffentlichen Raum vgl. Alexander Kluge und Oskar Negt, *Öffentlichkeit und Erfahrung. Zur Organisationsanalyse von bürgerlicher und proletarischer Öffentlichkeit*, Frankfurt/M. 1977.

Engagement sprechen. Es wird damit als selbstverständlich vorausgesetzt, dass Politik einen Preis hat, dass man die Bedingungen, Schemata und Modalitäten des Erscheinens billigen und übernehmen muss, um in den öffentlichen Raums einzutreten und Zugang zur Sphäre der Sichtbarkeit, zum Rampenlicht der Macht zu gewinnen. Die engagierten Bürgerïnnen nehmen die Verpflichtung auf sich, die ihnen stillschweigend auferlegt werden, indem sie vor das Angesicht der Anderen treten, bereit dazu, sich für das, was sie tun oder sagen werden, zu verantworten und für etwaige Risiken, die ihr Protest mit sich bringt, einzustehen und aufzukommen. Dissens und Unvernehmen haben ihren Preis. Das gilt auch noch für den äußersten Konflikt, der im öffentlichen Raum innerhalb der Grenzen des »Politischen« statthaben kann. Denn auch hier kommt man der Verpflichtung nach, wird der eigene Körper, der Eigenname sowie die Identität eingesetzt, die Bedingungen eingehalten und die Rahmungen der ausstaffierten Bühne respektiert.

Gerade durch das Motiv des Engagements scheint diese – einem Großteil der zeitgenössischen Theorien zugrunde liegende – Konzeption von Politik dem Kampf Prestige zu verleihen und der Manifestation des Unvernehmens entscheidende Bedeutung beizumessen. Bei näherer Betrachtung ist das Engagement auf der öffentlichen Bühne jedoch nichts anderes als ein Dispositiv, um Anfechtungen zu neutralisieren, Antagonismen zu regulieren und Konfliktualität zu verwalten.

Das Recht zu erscheinen

Vom Arabischen Frühling bis zu den Indignados, von Occupy bis Gezi-Park, von Black Lives Matter bis zu den Frauen von Kobane und zu Niunamenos – die Bewegungen, die den globalisierten Raum durchziehen, sind vielfältig und differenziert, aber von unbestreitbar hoher Intensität.

Die Bezeichnung »Bewegung« kann indes zu Missverständnissen Anlass geben. Es sollte daher klargestellt werden, dass sie nicht für jene Gruppen gilt, die sich – auf den Wellenkämmen des Populismus entstanden – nicht an den Rändern der Politik, sondern am Rande der politischen Parteien verorten, und zwar im Rahmen einer ambivalenten Antithese, die zugleich auch Nähe bedeutet. In diesem Zusammenhang ist oft fälschlicherweise von »Anti-Politik« die Rede, was unter anderem suggeriert, dass sich Politik auf die Parteien beschränke, deren Vertreterïnnen korrupt, Teile des Systems, Repräsentantïnnen der politischen Kaste sind. Die Krise der Politik reduzierte sich damit auf die Korruption Einzelner, welche die repräsentative Demokratie beschädigen. Es würde demnach genügen, die führende Klasse zu ersetzen und Bürgerlisten als Alternative zu denen der traditionellen Parteien aufzustellen. Mit ihren übersteigerten Parolen und einer großen Präsenz auf den öffentlichen Plätzen inszeniert sich die sogenannte Antipolitik als die lang ersehnte Veränderung und verleitet die Menschen zu der Annahme, dass jenseits von Programmen, Inhalten und Positionen – ob diese nun rechts oder links einzuordnen sind – vielmehr Regeln, Methoden und Vorgehensweisen entscheidend seien. Damit erweist sich die Antipolitik, die in den repräsentativen Institutionen verschlossen und im Spiel der Wahlen gefangen bleibt, als ein extremer und paroxysmaler Versuch, die Ordnung der Politik wiederherzustellen und zu erhalten.

Auf vollkommen andere Weise sehen die Bewegungen Korruption als Symptom eines komplexen Phänomens: des Niedergangs der Repräsentation und der Entleerung der politischen Parteien, die nur mehr dazu berufen sind, in Notfallzeiten das Diktat der mit Finanzpleiten drohenden Märkte zu verwalten.[28] Der Protest besitzt folglich einen ganz anderen Tenor. Er reflektiert das Schicksal der Demokratie, hinterfragt die Orte der Entscheidung und die Grenzen der Politik. So zeichnet sich eine andere Vision ab, die nicht nur außerinstitutionell ist, sondern die sich an den Rändern der Politik verortet und das gesamte begriffliche Gewebe des modernen politischen Denkens in Frage stellt – vom Thema der Souveränität bis zu dem des Vertrags, von der Idee der Nation bis zu den Vorstellungen von Staatsbürgerschaft und staatlichen Grenzen.

Die Bewegungen, die die städtischen Plätze zu ihrem symbolischen Ort auserkoren haben, sind in diesem Licht zu betrachten. Aber was bedeutet es, sich zu versammeln, auf die Straße zu gehen? Judith Butler hat diese Frage unlängst aufgeworfen.[29] Ohne die Mannigfaltigkeit öffent-

---

[28] Für eine kritische Einordnung vgl. Slavoj Žižek, *Wie ein Dieb bei Tageslicht. Macht im Zeitalter des posthumanen Kapitalismus*, übers. v. Karen Genschow, Frankfurt/M. 2019. Žižek vertritt gleichwohl eine kritische Sicht auf die Revolten, die er als unfähig zu strategischen Entwürfen einschätzt.

[29] Judith Butler, *Anmerkungen zu einer performativen Theorie der Versammlung*, übers v. Frank Born, Berlin 2016.

licher Demonstrationen zu vernachlässigen, die nicht immer und per se eine Quelle der Zuversicht und Hoffnung darstellen (denn die Demonstranten könnten ebenso gut Neofaschisten sein), nimmt Butler in den Blick, was die Versammlungen »zusammenhält«, das heißt ihre relevanten politischen Merkmale. Darin, was sie »Körperallianzen« nennt, erkennt sie eine Form von Widerstand des beschädigten Lebens, das die Unlebbarkeit nicht länger erträgt und ein bloßes Überleben nicht mehr duldet. Auf den Straßen und Plätzen strömt eine Masse zusammen, welche die politische Governance – selbst in ihrer polizeilichen Erscheinungsform – nicht zu regieren vermochte. Es handelt sich also um die Masse der Unregierbaren, die auf die Bühne drängen. Diese von der offiziellen Politik nicht Repräsentierten beanspruchen den öffentlichen Raum, oder besser gesagt: rekonfigurieren ihn durch die Performativität der Körper.

Ebenso wie Politik bereits in zuvor dem Privaten vorbehaltenen Wohnhäusern, Vierteln und Bereichen stattfindet und alte Unterscheidungen aufsprengt, ist auch der öffentliche Raum kein abstrakter und statischer Begriff. Er eröffnet sich im »Zwischen« der Körper, in ihrem Zusammenspiel, ihrem konzertierten Handeln. Butler zögert nicht, von »Interregnum« zu sprechen, um jenen neuen Raum zu bezeichnen, der in der Konfrontation und im Bruch der herrschenden Verhältnisse neu artikuliert wird. Obgleich sie Arendt dafür kritisiert, bei der Bestimmung von Politik auf die Unterscheidung öffentlich/privat zurückzugreifen und damit alte Gattungsgrenzen zu perpetuieren, hält Butler am Prinzip der Erscheinung fest. Das

Betreten der öffentlichen Bühne bedeutet zu erscheinen. Dabei geht es nicht nur um den visuellen Aspekt; auch Stimmen sind hier wichtig, Worte bedeutsam. Es sind die Enteigneten, die immer gesichtsloser und unsichtbarer werden, es sind die Armen, die nicht nur in wirtschaftliche, sondern ebenso politische Not gestürzt werden, es sind die in den Augen der Macht obszönen Leben der Überflüssigen, welche die streng überwachte Sphäre der Erscheinung zu durchbrechen versuchen. Dies geschieht etwa, wenn sich die zu Illegalität und Klandestinität verdammten Einwandererïnnen auf den Straßen versammeln und bereits so handeln, als wären sie Bürgerïnnen. Auf diese Weise verletzen sie die Grenzen des öffentlichen Raumes und veranschaulichen dessen Abschließung. Für Butler dreht sich die zeitgenössische Politik der Plätze, die im omnipräsenten Unisono *we, the people* gipfelt, um das Recht zu erscheinen.

Über das Thema des Erscheinens hinaus bleiben jedoch mehrere weitere Fragen offen. Insbesondere diejenige nach der Repräsentativität jenes »Wir«, das vom und durch das Volk spricht, ohne auch schon das Volk zu sein. Deshalb kann es keinen Anspruch auf Gültigkeit erheben und müsste eigentlich erst integriert werden.[30] Dem ist hinzuzufügen, dass jene Formel, die nicht zufällig aus der amerikanischen Verfassung stammt, immer noch unter einer konstituierenden Kinderkrankheit leidet. Trotz eines gewissen »Abstands« und eines »Aktes der Spaltung«, auf die Butler anspielt, ist in der Phrase »Wir, das Volk«

30 Vgl. dazu Dieter Thomä, *Puer robustus. Eine Philosophie des Störenfrieds*, Frankfurt/M. 2016, S. 517ff.

der Wunsch zu verspüren, die eigene Souveränität zu affirmieren, die demokratische Legitimität zu bekräftigen und angesichts entleerter Institutionen, korrupter Parteien sowie arbiträrer und inkompetenter Kräfte das Recht auf Selbstregierung einzufordern. Auf den Plätzen käme so die nationale und staatliche politische Gemeinschaft des Wir zusammen, während der Mythos des Vertrages weitere Unterfütterung erhält.

Kehrtwendung gegen die Macht

Schon Spinoza hatte in der *indignatio* weder eine bloße Leidenschaft noch allein eine ethische Reaktion erkannt, sondern eine durch Machtmissbrauch hervorgerufene politische Antwort (*Politischer Traktat* IV, § 6). Wenn der Souverän dem Gemeinwohl zuwiderhandelt, ruft er bei den Bürgerïnnen Indignation, Empörung hervor.

Die heute sich Bahn brechende Wut kann man als verschärfte Form einer nie vollends verblassten Empörung interpretieren. Die Geographie des Zorns besitzt globale Dimensionen und eine epochale Tragweite. Der berechtigte Zorn, der oft isoliert und auf persönliche Ansprüche zurückgebogen bleibt, läuft indes Gefahr, in Mikrokonfliktualitäten zu implodieren, sich in blindem Hass aufzulösen und Tag für Tag von den Marktkräften verzehrt zu werden, sodass kein subversiver Rest den letzten Horizont des Kapitalismus gefährden kann – dieses quasi solare System, das dazu in der Lage ist, sich jedes Mal in einer erneuerten ewigen Metamorphose zu präsentieren.

Die Revolte erfordert eine Politik der Wut. Was sowohl eine Versammlung als auch eine Sammlung und Besinnung impliziert – mithin einen nicht nur räumlichen, sondern auch zeitlichen Übergang. Die Wut des Einzelnen wird eingesammelt und die gemeinschaftliche Spannung einbehalten, indem der Blick zur Geschichte erhoben wird, um so zu versuchen, wenn nicht schon, sie aus den Angeln zu heben, so doch zumindest in eine ihrer Seiten das geforderte und gewünschte Übermorgen einzuschreiben.

Wenn die Wut auf die Straße geht, sucht sie die Macht. Die allseitige Stigmatisierung, die sie auf eine nihilistische, jeden politischen Sinnes beraubte und der Destruktivität verschriebene Episode reduziert, unterschlägt diese Absicht. Der von den Medien häufig herausgehobene Angriff auf die Symbole der planetarischen Governance, von den Bankfilialen bis zu den Luxusboutiquen, ist in dieser Perspektive zu lesen. Es geht nicht so sehr um glühende Beschleunigung, als vielmehr um die offene Herausforderung der Macht. Mehr noch: Es handelt sich um die Suche nach einer Gegenüberstellung von Angesicht zu Angesicht. Mit vermummtem Gesicht versucht der Demonstrant, das verborgene Gesicht der Macht zu demaskieren. Die Plätze werden zum Ort dieser Begegnung, die stets im Begriff steht, in einer Konfrontation zu explodieren. Politik erscheint entfernt, abstrakt, unkörperlich, devitalisiert. Daher werden die Körper auf die Probe gestellt und man versucht, die Macht dazu zu zwingen, verkörpert sichtbar zu werden und in ihrer gewaltsamsten institutionellen Form in Erscheinung zu treten: den Sicherheits- und Ordnungskräften. Endlich ist sie da, die Macht, nur einen Schritt weit entfernt, hinter der Maske des Bereitschaftshelms, der den Polizisten schützt. Der Zusammenstoß ruft den Eindruck hervor, endlich mit der Macht in Berührung zu kommen, wie sie sich in der Brutalität der souveränen Polizei verkörpert, die der Politik Körper und Gesicht verleiht. Auf der Straße, auf den Plätzen, umstellt die Polizeipolitik die Körper der Bürgerïnnen, wenn sie diese nicht gar verletzt oder verhaftet. Die Macht hat ihre Maske abgenommen.

Doch diese Möglichkeit, die Macht herauszufordern, sie zu berühren, zu treffen und sie beinahe selbst zu ergreifen, übergeht ihre hinterlistigeren, raffinierteren und noch schonungsloseren Formen. Von den Zusammenstößen auf den Plätzen erklingt das Echo der Frage: »Wo verbirgt sich die Macht?«. Insofern kann man sagen, dass der direkte Zusammenstoß einen Versuch darstellt, die Macht zu lokalisieren, ihren Ort zu identifizieren, das heißt: ihr Geheimnis zu enthüllen. Im Übrigen besteht die revolutionäre Geste schlechthin darin, nach dem Ort der Macht zu fragen, um sie auf Distanz zu halten, sich von ihr zu emanzipieren und sich gleichzeitig darauf vorzubereiten, sie anzugreifen.

Die kritische Frage »Wo ist die Macht?«, aus der die gegenwärtige Krise der Politik größtenteils resultiert, bleibt in der Demokratie der Globalisierung unbeantwortet. Nicht weil die Macht geschwunden wäre – im Gegenteil, sie wird vehementer denn je ausgeübt –, sondern weil ihr Ursprung nirgendwo mehr lokalisiert werden kann. Es ist bekannt, dass die Demokratie aus der Preisgabe des königlichen Schemas des politischen Körpers entstanden ist, im Rahmen dessen alles im Souverän konzentriert war; im demokratischen System wird die politische Macht jedes Mal von neuem der Abstimmung der Wähler anheimgegeben.

In der gegenwärtigen Demokratie jedoch erscheint die Macht – von ihrer Quelle im Volk entfernt und abgetrennt – immer ununterscheidbarer und unerkennbarer. Flüchtig und dennoch allgegenwärtig, netzförmig, auf die Kanäle der Technologie und die Flüsse der Ökonomie projiziert, zentrums- und womöglich auch richtungslos, besitzt sie kein Gesicht, keinen Namen und keine Adresse mehr. Diese *soft power* operiert jedoch nicht weniger gewaltsam. Das Unbehagen, das die von ihr Betroffenen empfinden, liegt gerade in der Schwierigkeit, sie zu lokalisieren. Allein ihre diffuse Anwesenheit wird wahrgenommen – und daraus entspringt die Krise der Repräsentanz. Die Bürgerinnen fühlen sich durch die Art und Weise, wie sich die Macht bei offiziellen Anlässen präsentiert, getäuscht; deshalb werden sie zunehmend unsicher, vorsichtig und misstrauisch. Wenn es eine Wirkung gibt – so wird metaphysisch vorausgesetzt –, muss es auch eine Ursache geben. Aus Skepsis wird die dogmatische Gewissheit, dass es einen verborgenen Ort der Macht geben müsse. So treten die dunklen Gespenster der Verschwörung und des Komplotts zutage, welche die politische Bühne heimsuchen und sich vervielfachen, wenn der »Kaiser nackt« ist, wenn – wie etwa in der griechischen Krise geschehen – die Macht, die im Reich der planetarischen Ökonomie regiert, nicht mehr anders kann, als ihr Gesicht zu offenbaren.

In zwei sich spiegelbildlich zueinander verhaltenden Sichtweisen haben Claude Lefort und Michel Foucault vorgeschlagen, Macht in Form von Beziehungen zu verstehen.

Ersterer argumentierte, dass Macht in der zeitgenössischen Demokratie ein »leerer Ort«, gleichsam atopisch sei und daher nicht schon unwirklich, sondern schlicht abwesend; letzterer hingegen hat zeitlebens nie aufgehört, sie in der Klinik, im Gefängnis, in den Disziplinareinrichtungen zu suchen, in all jenen von ihm Heterotopien genannten randständigen Räumen, in denen die Macht anders erfahren wird, wo sie mit ihrer »Mikrophysik« direkt auf die Körper ausgeübt wird. Beide teilen die Überzeugung, dass man vergeblich versuchte, die Macht zu lokalisieren, die bei genauerer Betrachtung überall und nirgends ist, insofern sie von Mal zu Mal einen anderen Ort bewohnt, an dem sie sodann auf ganz unterschiedliche Weise funktioniert.

Man kann sagen, dass die Metaphysik noch immer die Oberhand behält und es verhindert, sich vom Mythos der Macht zu verabschieden. Wenn es sich dabei jedoch nicht um das Eigentum der Mächtigen, den Besitz der Regierenden handelt, erscheint die Enteignung der Regierten in einem anderen Licht. Zumal, wenn – wie es geboten ist – auch die Zeitlichkeit berücksichtigt wird, erscheint Macht nicht nur als eine Relation und Beziehung, sondern ebenso als Ereignis. An den gegenwärtigen Revolten ist auffällig, dass die Frage des Ortes – abgesehen von der Dramaturgie des Zusammenstoßes – in den Hintergrund tritt, während die Revolte zu einem Ereignis wird, das die Menschen auf die Straße treibt, die Macht damit ihrer vermeintlichen Zentralität enthebt und ihre Leere, ihre grundsätzliche Abwesenheit anerkennt. Diese Verschiebung ist entscheidend.

Die Formulierung »destituierende Macht« wurde 2001 vom Colectivo Situaciones von Buenos Aires eingeführt, um die Bewegung der *píqueteros* zu charakterisieren, deren Name sich von den Streikposten und Blockaden herleitet, mit denen die ökonomisch-politischen Flüsse der Stadt unterbrochen und stillgelegt werden.[31] Damit wird explizit auf jene Eigenschaft verwiesen, die über die traditionellen Protestformen – einschließlich des zivilen Ungehorsams – hinausgeht: nicht ängstlich nach der Macht zu greifen, sondern sie loszulassen und sich ihrem Zugriff zu entziehen.

Um den Begriff der »Destitution« hat sich eine breite Debatte herausgebildet.[32] Vor allem das Unsichtbare Komitee hat diesen in philosophischer und vor allem politischer Hinsicht neu beleuchtet und relanciert.[33] Mit seiner Vorsilbe »de-« bezeichnet das Wort eine Bewegung der Abwendung, eine Geste der Absetzung. Es behält jedoch immer noch einen juridisch-bürokratischen Akzent im Verb *statuere* bei, das dem statischen Wortschatz der Staatlichkeit und der Institutionalität angehört. Demgegenüber geht

---

31 Vgl. Colectivo Situaciones, *Que se vayan todos. Krise und Widerstand in Argentinien*, übers. v. Stefan Armborst, Hamburg 2003. Zu Recht hat Marcello Tarì daher im argentinischen Aufstand ein neues Paradigma der Revolte ausgemacht; vgl. Marcello Tarì, *Non esiste la rivoluzione infelice. Il comunismo della destituzione*, Rom 2017, S. 189ff.

32 Vgl. Mario Tronti, »Potere destituente. Una conversazione con Mario Tronti«, in: La Rose de Personne / La Rosa di Nessuno, *Potere destituente. Le rivolte metropoliane*, Udine 2008, S. 23-44. Als theoretischer Bezugspunkt gilt inzwischen Giorgio Agamben, *Der Gebrauch der Körper* (Homo sacer IV, 2), übers. v. Andreas Hiepko und Michael von Killisch-Horn, Frankfurt/M. 2020.

33 Vgl. insbesondere das Unsichtbare Komitee, *An unsere Freunde*, übers. v. Birgit Althaler, Hamburg 2015.

es jedoch vielmehr darum, die Bedeutung des italienischen Wortes »rivolta« wiederzuerlangen – nicht eine Konfrontation von Angesicht zu Angesicht, sondern eine Volte, eine Kehrtwendung, um die Seite zu wechseln und sich der Befehlsgewalt zu entziehen. Im Kaleidoskop der neuen Revolten, die durchweg einen destituierenden Geist bezeugen, kann man versuchen, diesen Fluchtlinien weiter zu folgen.

PRÄFIGURATIONEN

Der Sturm des Protests durchquert eine Stadt nach der anderen. Das ist nicht weiter überraschend. Die Geschichte der revolutionären Bewegungen spielte stets im urbanen Kontext, in dem sich das Kapital konzentriert und die politische Macht sich verdichtet. Schon Benjamin hatte dieses Thema in seinem *Passagenwerk* berührt. Plätze, Straßen und Gassen bilden den angemessenen, ja fast schon rituellen Rahmen für Aufmärsche, Demonstrationen und Barrikaden. Dies ändert sich auch im aktuellen Kontext nicht, in dem die globalen, von vielen Beobachtern als Avantgarde jenseits des Staates angesehenen Metropolen mit dem sie verbindenden Netzwerk ein innovatives Potenzial zu enthalten scheinen.[34]

Dabei verschiebt sich der Konflikt nicht nur von der Fabrik hin zu den Plätzen. Der Übergang greift tiefer: Die neuen Revolten kreisen durchweg um die Frage des Woh-

---

[34] Vgl. David Harvey, *Rebellische Städte. Vom Recht auf Stadt zur urbanen Revolution*, übers. v. Yasemin Dinçer, Frankfurt/M. 2013. Harvey hebt dabei auch die Grenzen des urbanen Erfahrungsraumes hervor.

nens. Das bedeutet nicht, dass der Kampf um das Eigentum an den Produktionsmitteln gänzlich verschwunden wäre. Aber das Problem der Arbeit kann nicht mehr adäquat angegangen werden, ohne die Probleme von Technik und Territorium mit einzubeziehen. »Wohnen« ist dabei nicht als Eigentum der Wohnung zu verstehen, sondern als politisch-existenzielles Verhältnis zu sich, zu den anderen, zur Erde. Wie soll man auf ihr ansässig sein? Und wie zusammenwohnen?

In diesem Zusammenhang lohnt es sich, einen Blick auf die ZAD zu werfen, ein Akronym für die französischen *Zones à défendre*, »zu verteidigende Zonen«. Dieses gibt einerseits den administrativen Begriff *zone d'aménagement différé*, »Bauerwartungsgebiet« – das heißt die Gebiete, auf die der Staat ein Verkaufs- oder Vorzugsrecht besitzt – verzerrt wieder, und verweist andererseits prägnant auf das Akronym TAZ, »Temporäre Autonome Zone«, ein Konzept, das Anfang der 1990er Jahre von dem anarchistischen Schriftsteller Hakim Bey erfolgreich lanciert wurde.[35] Bei den ZAD handelt es sich in der Regel um Gebiete, die illegal besetzt werden, um sich gegen industrielle Landwirtschaftsprogramme oder umstrittene Projekte wie etwa den Bau eines Flughafens oder eines Parkplatzes, einer Trasse für Hochgeschwindigkeitszüge oder einer Anlage zur Gasförderung zur Wehr zu setzen. Es handelt sich jedoch nicht nur um Verteidigungszonen, sondern diese stellen zugleich auch Räume dar, in denen die Zadistïnnen versuchen, alternative Formen des Woh-

35 Vgl. Hakim Bey, *T.A.Z. Die Temporäre Autonome Zone*, übers. v. Jürgen Schneider, Amsterdam und Berlin 1994.

nens unter Wahrung von natürlichen Ressourcen und von Solidarität zu erproben und weiterzuentwickeln. Außerhalb des europäischen Kontextes experimentiert man mit autonomen Zonen desgleichen in verschiedenen lateinamerikanischen Regionen, in denen meist Indios Protagonisten innerhalb der Kämpfe gegen die multinationalen Konzerne sind. In einem größer gewählten Maßstab können auch Chiapas und Kurdistan als solche autonomen Zonen betrachtet werden.

In politischer Hinsicht sind die ZAD bedeutsam, da sie einerseits den Widerstand gegen Projekte widerspiegeln, die von einer oftmals kurzsichtigen und opportunistischen Verwaltung des Territoriums durchgesetzt werden, und weil sie andererseits eine Präfiguration radikal demokratischer und ökologischer Formen eines Bewohnens der Welt darstellen. Präfigurieren heißt dabei nicht nur aufzuzeigen, dass diese nicht die beste aller möglichen Welten ist. Die bereits seit Jahren im Rahmen der anarchistischen Reflexion diskutierten autonomen Zonen sind der Versuch, ein »Außen« zu erschließen; sie stellen sozusagen einen Test der Dekapitalisierung dar.[36]

Das mag leichtsinnig und naiv klingen. Man überginge mit diesem Urteil jedoch die zweifache Bedeutung der autonomen Zonen, die – während sie das zerrissene Band zwischen Politik und Existenz wiederherzustellen versuchen – auf eine andere Art hindeuten, die revolutionäre Kinetik zu verstehen. Es ist sinnlos, in einer ewigen Erwartung, morgen das eigene Leben zu ändern, an eine Revo-

---

[36] Vgl. David Graeber, *Direkte Aktion. Ein Handbuch*, übers. v. Sophia Deeg, Hamburg 2013.

lution zu denken, die man sich als heroische Erstürmung des Winterpalastes vorstellt; Lebensformen können und müssen sich bereits jetzt verändern. In diesem Sinne zeugen die autonomen Zonen von der Notwendigkeit, unverzüglich aus diesem Teufelskreis auszubrechen.

Die existenzielle Spannung

Die Revolte wird – wenn überhaupt – zumeist in ihrer politischen Aufladung analysiert, während die existenzielle Spannung, die sie durchdringt und trägt, völlig vernachlässigt wird. Eine Phänomenologie der zeitgenössischen Revolten, welche deren individuelle Perspektive erschlösse, ist daher bislang nicht oder allenfalls in Umrissen skizziert worden.

Es wäre nicht möglich, diese Spannung überhaupt zu verstehen, wenn man nicht von der instabilen Verbindung zwischen Politik und Existenz ausginge, die sich bereits seit einiger Zeit zusehends weiter auflöst. In dieser Hinsicht stellt die Revolte vor allem eine Antwort auf die Abstraktion der Politik dar, die auf konsensheischendes Kalkül, auf ein rein bürokratisches Prozedere, auf pragmatische Anpassung an den Lauf der Welt reduziert wurde. Die Revolte zielt in gewisser Weise darauf ab, jene durchtrennte Verbindung wiederherzustellen, oft durch deren Dramatisierung.

Auf den Straßen und Plätzen bricht sich das existenzielle Unbehagen Bahn, Unruhe, Angst und Mangel, welche die institutionelle Politik nicht zu kennen vorgibt, treten hervor. Eine Demonstration erschöpft sich daher nicht in

Forderungen: Sie ist stets auch ein verzweifelter Versuch, der Macht die Wirkungen aufzuzeigen, welche sie auf Körper und Psyche entfaltet. Die Bewegung des Aufstands ist in diesem Sinne ein Sicherheben aus dem depressiven Rückzug, ein Weg zur Behauptung der eigenen Würde.

Wer auf die Straße geht, den überkommt das berauschende Gefühl, auf einmal wieder zum Protagonisten der eigenen Existenz zu werden und sich endlich in Gegenwart der Geschichte zu befinden, an jenem Scheideweg, an dem sich ihr Verlauf entscheidet. Da tut er sich plötzlich auf, dieser Riss, diese lang ersehnte Öffnung auf ein Außen, das in der atemlosen Atmosphäre des Kapitalismus für immer verschlossen schien. Die Revolte wird bereits als das Andere, als ein Darüberhinaus erlebt – zumindest solange die Spannung anhält. Es handelt sich also um eine intensivierte Gegenwart, in der sich ein Durchblick in die Zukunft eröffnet.

Als ein Schwindel der Intensität in einer andernfalls auf sich selbst zurückgeworfenen Existenz, die in die Passivität des Zuschauers gebannt, in Ohnmacht befangen und der Uneigentlichkeit ausgeliefert bleibt, bedeutet die Revolte ein nervöses Erwachen, eine emotionale Erschütterung, ein Ausgesetztsein an der Grenze, eine Ausdehnung, die die Monotonie und graue Kontinuität unterbricht. Deshalb ist sie Empfindung des Existierens. Die Intensität der Revolte bildet die Burg des existenziellen Widerstands.

Der vorübergehende Austritt aus der alltäglichen Enge, der Schritt zur Seite, bedeutet eine Art von Exil, oder besser gesagt: eine Desintegration. Der weit verbreitete Gebrauch von Masken, Tüchern und Kapuzen erfolgt nicht nur aus Sicherheitsgründen. Das Selbst entledigt sich seiner, vergisst sich selbst, versteckt die Person hinter der Maske, verbirgt sich in allen Abstufungen von Schwarz, in der Erwartung, neu anfangen zu können. Das »Subjekt« der Revolte manifestiert sich weder, noch will es sich überhaupt als solches manifestieren, denn es assimiliert sich vielmehr, verbindet sich mit den anderen, in einem festen Bündnis von Körpern, beinahe einem einzigen, undurchsichtigen Körper, der jedoch dazu fähig ist, sich klar auszudrücken. Die Anteillosen, denen das Recht zu erscheinen verwehrt ist, stellen ihre Unsichtbarkeit auf paradoxale Weise zur Schau: Während sie diese als Fluchtmöglichkeit nutzen, machen sie ein Spektakel aus ihr, stellen sie gewollt zur Schau. Und tragen so das Unvernehmen in den öffentlichen Raum.

Innerhalb der Ästhetik der Revolte, dem Versuch mithin, die Schranken der politischen Aufteilung zu überwinden, kann die Dissimulation, die Verbergung des Selbst, dann von der Simulation des Chaos der Welt begleitet werden – bis hin zum Glühen von Brandflaschen und farbigen Rauchbomben –, um aus der Unlesbarkeit hervorzutreten. In beiden Fällen zeigen sich das Bedürfnis nach einer klaren Vision sowie das Streben nach der Reinheit der Revolte.

WENN DISSENS EIN VERBRECHEN IST

Woran liegt es, dass nahezu jede Form von Konflikt aus dem Rahmen der Legalität zu fallen scheint? Die Verlagerung des Protests von der Fabrik auf die Straße markiert auch eine Wandlung und Ausweitung des auf dem Spiel stehenden Einsatzes: von der ökonomischen Frage der Löhne hin zur biopolitischen Frage des Wohnens.

Die Forderungen, die die Arbeitsbedingungen betreffen, behalten ihre unveränderte Bedeutung; doch die legalen Formen des Kampfes – Stolz und Errungenschaft der Arbeiterbewegung – verlieren allmählich an Intensität, als wären sie zum endgültigen Niedergang bestimmt. Das gilt für das gesamte, vielfältige gewerkschaftliche Repertoire, insbesondere aber für den Streik, der beinahe zur institutionellen Praxis geworden ist und zwar wirkungsvoll bleibt, ohne jedoch die Brisanz von einst zu erreichen. Trotz allem aber bilden die Gewerkschaften weiterhin die Eckpfeiler der Lohnkämpfe, die umso unverzichtbarer bleiben, wenn man die strukturelle Krise mitbedenkt, in der sich die inzwischen vollkommen unattraktiv gewordenen Parteien seit Jahrzehnten befinden.

Lange Zeit illegal, stellt die Demonstrationsfreiheit mittlerweile ein anerkanntes Recht dar, eine Grundfreiheit im demokratischen Kontext. Demonstrationen haben dabei jedoch ihren spontanen Charakter eingebüßt, ihre subversive Aufladung größtenteils verloren und sind schließlich gezähmt und wieder in den rechtlichen, organisatorischen und politischen Rahmen eingepasst worden. Die Ordnungsämter bewilligen und überwachen sie, die traditionellen Organisationen (Gewerkschaften, Parteien, Verbände usw.) und oft auch Bewegungen beantragen und koordinieren sie (nicht immer mit den gewünschten Resultaten). Es kann sogar vorkommen, dass eine große, von mehreren Regierungschefs angeführte Demonstration für die Meinungsfreiheit – wie etwa in Frankreich am 11. Januar 2015 nach dem Anschlag auf die Redaktion von Charlie Hebdo – als Vorwand dafür dient, einen freiheitsfeindlichen Ausnahmezustand zu verhängen.

Die Domestizierung der Demonstrationen kann indes nicht als Anzeichen dafür dienen, dass der Konflikt verschwunden und die Gesellschaft befriedet wäre. Vielmehr ändern sich mit den Inhalten auch die Formen des Kampfes. Und das, was es der Governance nicht zu institutionalisieren gelingt, wird schlichtweg aus dem Rahmen der Legalität ausgeschlossen und kurzerhand kriminalisiert. Auf diese Weise wird die Grenze zwischen dem, was im öffentlichen Raum erlaubt ist, und dem, was zurückgewiesen wird, sichtbar hervorgehoben. Neben den legalen Protesten vervielfachen sich die extralegalen Kämpfe, die an den Rand gedrängt werden, jedoch zunehmend an Bedeutung gewinnen.[37] Dass geht so weit, dass die Tendenz, diese zu kriminalisieren, es nicht mehr verhindern kann, dass das Gravitationszentrum des Konflikts unaufhaltsam den öffentlichen Raum überschreitet und ihn von den Rändern aus destabilisiert.

Die Protagonisten der extralegalen Kämpfe tragen verschiedene Gesichter: von den Computeraktivist'innen, die Warnsignale aus dem Cyberspace aussenden, bis zu den Zadist'innen, die versuchen, neuartige Wohn- und Lebensformen zu entwickeln, von den neuen Ungehorsamen mit ihren bisweilen reißerischen Gesten bis zu denen, die in

---

37 Es genügt, etwa an die Art und Weise zu erinnern, in der die No-TAV-Bewegung in Italien systematisch kriminalisiert wurde.

den Nichtregierungsorganisationen aktiv sind, sich in grenzüberschreitenden Räumen bewegen – etwa in den Weiten des offenen Meeres – und noch immer das Banner der Gerechtigkeit, die Fahne der Menschlichkeit hochhalten. Gegen sie, die Geflüchteten in den Lagern helfen, die Migrant'innen unterstützen, erhebt sich ein Sperrfeuer, um sie zu neutralisieren. Das bedeutet, dass nicht nur militante Aktivist'innen aus dem Bereich der Legalität verdrängt und dazu getrieben werden, neue Modalitäten des Kampfes zu erfinden, sondern auch diejenigen, die eine humanitäre Handlung ausführen, die eigentlich als solche anerkannt und gewürdigt werden sollte.

So tritt aus den jüngsten politischen und gerichtlichen Ereignissen deutlich hervor, welche führende Rolle der Staat bei der Kriminalisierung und damit der Entpolitisierung des Konfliktes spielt. Denn in seiner souveränistischen und sekuritären Abdrift ist er bereit, Handlungen, die andernfalls als demokratische Rechte oder Pflichten gelten würden, für illegal zu erklären und diejenigen, die es diese zu begehen wagen, zu Kriminellen zu machen. Mit dieser verbitterten und ressentimentgeladenen Souveränität bereitet er den Boden für Repressionen. Aber letztlich verstrickt er sich in beispiellose Dilemmata, welche die Demokratie selbst in Mitleidenschaft ziehen müssen.

Sind die neuen Ungehorsamen furchteinflößende Gesetzlose, die strafrechtlich verurteilt werden sollten, oder handelt es sich nicht vielmehr um vorbildliche Bürger'innen, deren Kühnheit wir die Vitalität der Demokratie verdanken? Bedrohen sie die öffentliche Ordnung oder erlauben sie es dem Gesetz, den verlorenen Sinn für Gerechtigkeit wiederzufinden? So kann man das Dilemma zusammenfassen, das inzwischen auf die Tagesordnung gerückt ist.[38]

Zivilen Ungehorsam gibt es nicht nur in despotischen Regimen. Sie ist das Salz der Demokratie. Bürgerinnen sind keine Untertanen – weshalb sie auch nicht unterwürfig und bedingungslos ein Gesetz akzeptieren können, das neben den Grundsätzen der Verfassungsmäßigkeit auch die der Menschlichkeit verletzt. Als wäre es selbstverständlich, aus Hilfeleistung und Bergung eine Straftat zu machen. Als wäre es naheliegend, die Ethik in ihr Gegenteil zu verkehren: Wer sich für die Rettung von Menschenleben einsetzt, machte sich gleichzeitig schuldig, diese zu beschädigen. Wo die Verteidigung der Menschenrechte als Versuch des Umsturzes angesehen wird, droht der Kollaps der Demokratie. Die Anschuldigung des Rebellentums dient als Vorwand. Wer zivilen Ungehorsam leistet, verletzt das Gesetz nicht – er fordert es heraus. Er fordert es heraus im Namen eines höheren Gesetzes, einer verratenen Verfassung, einer mangelnden, ausbleibenden Gerechtigkeit.

Die neuen Ungehorsamen

Abgrundtiefe Ungleichheiten, das immer weiter um sich greifende Verschuldungsprinzip, irreversible Umweltzerstörung, die Unwägbarkeiten der technischen Beschleuni-

---

38 Die Fälle von Domenico Lucano, Carola Rackete und Pia Klemp haben diesbezüglich die öffentliche Meinung aufgerüttelt.

gung: Blickt man auf die aktuellen Weltverhältnisse, sollte eigentlich eher der durchschnittliche Gehorsam überraschen.

Die neuen Protestformen können als Akte zivilen Ungehorsams betrachtet werden. In einigen beispiellosen Fällen jedoch wird auch noch dessen radikalster Sinn überschritten. Aufgrund seiner inhärenten Konfliktualität stellt Ungehorsam das Gegenteil von Resignation, Trägheit, Passivität und Delegierung dar. Die Bürger'innen können die Initiative nicht länger anderen überlassen und sich vor ihrer eigenen unabkömmlichen Aufgabe drücken. Dann ist es Zeit, sich zu erheben. Die neuen Ungehorsamen wissen, dass sie ungehorsam zu sein haben und bekennen sich nicht selten in aller Offenheit dazu.

Seit Mitte des zwanzigsten Jahrhunderts ist der Ungehorsam, wie er während der Nazizeit unentschuldigt abwesend war, wieder in der Berichterstattung präsent und hat eine philosophische, politische und juridische Debatte angestoßen, die seither nie verebbt ist und in den letzten Jahren sogar noch zunehmend intensiv geführt wird. Den Wendepunkt markierte auch hier die totalitäre Erfahrung. Der beflissene Gehorsam des tadellosen Befehlsempfängers und -vollstreckers zeigte sich in seiner abgründigen Ungeheuerlichkeit. Und dies umso deutlicher, als die »Vernunft«, der man Gehorsam leistete, nicht die der universellen Rechte war, sondern die kalte und anonyme Rationalität des unpersönlichen Kalküls. In Anbetracht der »Ungeheuer des Gehorsams«, im Angesicht von Adolf Eichmann, dem logistischen Planer der »Endlösung«, der 1961 vor Gericht verkündete, er habe lediglich Befehle ausgeführt, musste das Problem andere Konturen annehmen. Gehorchen bedeutete, niemandem Rechenschaft schuldig zu sein, nichts verantworten zu müssen. Kurzum: Die Verantwortlichkeit rückte in ein ganz anderes Verhältnis zum Gehorsam. Wer sich bedingungslos unterwarf, schien jeder Verantwortung entbunden zu sein. Eichmanns »empörende Dummheit« – so die berühmte Formulierung Hannah Arendts – lag gerade in der Abwesenheit jeglichen Urteilsvermögens, in der stupiden Wiederholung von Gemeinplätzen, im Automatismus seiner Worte. Darin war seine eigentliche Schuld zu sehen: es stets vorgezogen zu haben, nicht zu wissen, nicht zu sehen, nicht zu denken. Wenn das, was geschehen war, sich wiederholen konnte, wie viele von Eichmanns Kindern und Enkeln würden dann auch die Demokratien in Gefahr bringen? Die technisch-bürokratische Organisation des Lebens, die jegliche Verantwortlichkeit segmentiert, indem sie betäubt, indem sie gleichgültig und teilnahmslos macht, könnte die Arbeit der zukünftigen grauen Vollstrecker ohne Geist und Gnade sogar noch weiter erleichtern.[39]

Obgleich er in der Nachkriegszeit aufgrund der starren Formalität seiner Ethik des Öfteren auf die Anklagebank zitiert wurde, hatte es Immanuel Kant hingegen nicht versäumt, trotz seiner Beipflichtung zum Gehorsam immer wieder zur Wachsamkeit zu mahnen. Der Mut zum kritischen Urteil, der bis zur zivilen Dissidenz reicht, durchzieht und bewegt im Übrigen die gesamte abendländische Tradition. Es ist die Philosophie, die die Aufmerksamkeit

[39] Vgl. Hannah Arendt, *Eichmann in Jerusalem. Ein Bericht von der Banalität des Bösen*, übers. v. Brigitte Granzow, München 1986.

dafür wachhalten sollte. Wie könnte man Sokrates vergessen? Zu Unrecht angeklagt und verurteilt, lehnte er es ab zu fliehen und unterstellte sich stattdessen den Gesetzen der *pólis*. Er akzeptierte das Urteil, ohne es dadurch jedoch auch zu legitimieren. Sein einzigartiger Gehorsam bedeutet eine Form des Widerstands, die jeden kommenden Dissens vorwegnimmt. Mit ihm erhält das »Nein« des Ungehorsams, das ein »Ja« zum eigenen Gewissen bedeutet, seine Stimme.

Das aktuelle Bild bliebe jedoch unvollständig, wenn man das amerikanische Gesicht des Ungehorsams nicht berücksichtigte, das die Züge von Henry David Thoreau trägt und dem die außergewöhnliche Biographie der afroamerikanischen Bürgerrechtsbewegungen eingeschrieben ist. Diese erreichten im epochalen Marsch auf Washington 1963, bei dem Martin Luther King Jr. seine berühmte Rede »I have a dream« hielt, ihren Gipfelpunkt. In jenen Jahren verbreitete sich neben der eher konventionellen Form des Protestmarsches auch eine neuartige Praxis: das Sit-in. Diese Praxis war im Rahmen der Fabrikkämpfe anlässlich des siegreichen Streiks gegen General Motors 1937, des sogenannten *sit-down-strikes*, eines rigorosen Sitzstreiks, ins Leben gerufen worden. Es ging nicht mehr darum, zu streiken und aus der Fabrik hinauszuziehen, *to strike and go out*, sondern zu streiken und im Inneren zu verbleiben, *to strike and remain in*. So wandte sich auch die afroamerikanische Bewegung, die um der Sklaverei zu entkommen eine lange Geschichte von Flucht und Migration hinter sich hatte, dem Sit-in zu, um Rassentrennung und Segregationspolitik demonstrativ zu bekämpfen. Einen ihnen »verbotenen« Ort oder Raum zu betreten, sich dort auf dem Boden niederzulassen, auf etwaige Gewalt nicht zu reagieren und sich von der Polizei hinausschleifen zu lassen, bis hinter die Mauern der Gefängnisse: das war der vorherzusehende Ablauf des Protestes, der somit Festnahme und Inhaftierung einschloss. Nicht selten kam es vor, dass die Gefängnisse für die große Anzahl an Demonstranten nicht mehr ausreichten. Diese Form des »gewaltlosen zivilen Ungehorsams« erwies sich als besonders wirkungsvoll, da sie einerseits die in der amerikanischen Gesellschaft anderweitig verborgenen Spannungen dramatisierte und zur Schau stellte und andererseits versuchte, das taube und gefühllose Gewissen der Weißen aufzurütteln, damit diese aus den finsteren Abgründen des Rassismus hinausgelangten und sich zur Gerechtigkeit bekannten.

In einem anderen Teil der Welt hatte sich Mohandas K. Gandhi schon Jahre zuvor von den Schriften Thoreaus inspirieren lassen, um den »gewaltfreien Widerstand« zur Ausdrucksform einer neuen Politik zu machen. Der Kontext war ein anderer und das Ziel verschieden: die Übertragung der Macht aus den Händen der britischen Imperialisten in die des indischen Volkes. Ungehorsam wurde zum gewaltlosen Verstoß gegen die ungerechten, unmoralischen und repressiven Gesetze des Staates. Er bedeutete eine permanente Infragestellung der politischen Ordnung, die nicht auf Gewalt, geschweige denn auf Waffen zurückgriff und sich der Inhaftierung oder anderen Arten von durch die Autorität verübter Gewalt unterstellte. Daher kam sie der Demokratie zugute und konnte allein einem autokratischen Staat schaden, der die öffentliche Meinung zu fürchten hatte. Gandhi ging so weit, Ungehorsam als das unveräußerliche und »angeborene Recht jedes Bürgers«[40] zu bezeichnen. Und er plädierte dafür, dass dieser als die reinste Form verfassungsmäßiger Agitation betrachtet werden sollte.

Dieser Punkt ist entscheidend. Es ist kein Zufall, dass in der von John Rawls vorgelegten Version, die dazu bestimmt sein sollte, die beherrschende Synthese gerade auch in liberalen Kreisen zu werden, die Grenzen des zivilen Ungehorsams hervorgehoben werden. Die Absicht richtet sich darauf, störende Motive abzuschwächen, die Geste der Herausforderung zu beseitigen und jedwede »Gefahr von Anarchie« zu bannen.[41] Der Ungehorsam, der für Martin Luther King Jr. noch »zivil« war, insofern er die Unzivilisiertheit der auf rassistischer Segregation basierenden amerikanischen Gesellschaft aufzeigte, wird hier selbst zivilisiert und domestiziert, er wird »gewissenhaft«. Rawls sieht im Ungehorsam einen öffentlichen, gewaltlosen Gewissensakt, der zwar gegen das Gesetz verstößt, jedoch von dessen äußerem Rand aus, also noch »innerhalb der Grenzen der Gesetztestreue«, ausgeführt wird.[42] Diejenigen, die ungehorsam sind, appellieren im Namen der geteilten, die Verfassung anleitenden politischen Prinzipien an das Gerechtigkeitsempfinden der

---

40 Mohandas Gandhi, *Ausgewählte Werke*, Bd. 4, übers. v. Wolfgang Sternstein, Göttingen 2011, S. 189f.

41 Vgl. John Rawls, *Eine Theorie der Gerechtigkeit*, übers. v. Hermann Vetter, Frankfurt/M. 1975, S. 399-430.

42 Vgl. ebd., S. 403f.

Regierung und der Mehrheit, um Änderungen und Verbesserungen herbeizuführen. Kurzum: Der Ungehorsame ist weit davon entfernt, ein Revolutionär zu sein; er ist vielmehr ein rechtschaffener Reformer.

Zwei besondere Eigenschaften treten so zutage: Öffentlichkeit und Verantwortlichkeit. Es geht nicht mehr so sehr um die Unterscheidung zwischen Individuum und Gruppe, auf der Arendt noch insistierte.[43] Wichtig ist vielmehr, dass der Akt – auch der individuelle – im öffentlichen Raum, im gleißenden Licht des Tages und vollkommen unverborgen vollzogen wird. Öffentlichkeit bildet den Eckpfeiler des Ungehorsams: Die Ungerechtigkeit eines Gesetzes wird vor aller Augen ausgestellt. Man will dieses modifizieren oder ganz abschaffen und wendet sich daher an die Mitbürgerïnnen, an ihre Meinung und letzten Endes an ihr Gewissen. In diesem Sinne ist Ungehorsam ein sowohl ethischer als auch politischer Anruf an die Zivilgesellschaft, ihren eigenen Prinzipien gerecht zu werden.

Deswegen entspricht der Ungehorsam einer verantwortungsvollen Handlung, ja er erfordert ein besonderes Maß an Verantwortung. Wer im Namen der Gerechtigkeit demonstrativ gegen ein Dekret oder eine Verordnung verstößt, verantwortet sich dafür, indem er die Authentizität seines Engagements auf die Probe stellt und sich dazu bereit erklärt, den Preis dafür zu zahlen. Die Repression des Staates lässt im Übrigen nicht lange auf sich warten. Und der Ungehorsame ergreift darauf nicht die Flucht,

---

43 Vgl. Hannah Arendt, »Ziviler Ungehorsam«, in: dies., *In der Gegenwart. Übungen zum politischen Denken II*, hrsg. v. Ursula Ludz, München 2000, S. 283-321.

sondern erkennt die Legitimität dieses Eingreifens an. So lässt er die Gewalt jener Autorität hervortreten, die ihn bestraft. Festnahme und Gefängnis stellen gleichsam den finalen Zweck sowie die endgültige Besiegelung seines Kampfes dar.

Eine emblematische Szene in der Geschichte des Ungehorsams stellt die berühmte Nacht vom 23. Juli 1846 dar, die Thoreau im Gefängnis verbringen musste. Der exzentrische Wanderphilosoph, der damals zurückgezogen in einer Blockhütte am Ufer des Lake Walden lebte, begab sich an jenem Morgen nach Concord, um ein Paar Stiefel abzuholen, die er hatte reparieren lassen; auf dem Weg hielt ihn ein Steuerbeamter an, um ihn an die Schulden zu erinnern, die er seit Jahren beim Staat Massachusetts angehäuft hatte. Thoreau reagierte zutiefst empört: Mit diesen Steuern werde nur ein neuer ungerechter Krieg zur Annexion Mexikos finanziert, ganz zu schweigen vom Skandal der Sklavenpolitik in den Südstaaten. Also weigere er sich, seine Schulden zu begleichen: »Unter einer Regierung, die irgendjemanden zu Unrecht einsperrt, ist der einzig richtige Ort für einen gerechten Menschen auch das Gefängnis.«[44]

Ungehorsam hat seinen Preis, und zwar nicht nur, weil er die Hierarchien der Macht angreift und den Zwiespalt zwischen Recht und Gerechtigkeit sichtbar werden lässt, sondern auch, weil er die Monotonie der Unterwerfung unterbricht. Warum gehorcht der Unterwürfige? Das ist die

---

[44] Henry David Thoreau, »Ziviler Ungehorsam«, übers. v. Ulrich Bossier, in: *Ziviler Ungehorsam. Texte von Thoreau bis Occupy*, hrsg. v. Andreas Braune, Stuttgart 2017, S. 42-55, hier 51.

entscheidende Frage, die Étienne de la Boétie in seinem Pamphlet über die freiwillige Knechtschaft aufwirft.[45] Die Antwort ist in einer Kette der Komplizenschaft zu suchen: Man akzeptiert, unterworfen und geknechtet zu werden, um selbst zu unterwerfen und zu knechten. Auf diese Weise rächt sich der Gehorsame, indem er sich mit einer kleinen Rolle innerhalb jenes Machtdispositivs begnügt, das auch die Demokratie entwertet.

Legitimer, riskanter und schwerer durchzuhaltender ziviler Ungehorsam stellt eine politische Herausforderung und eine ethische Verpflichtung dar. Er erfordert den Mut, sich selbst und die Gerechtigkeit, an die man glaubt, nicht zu verraten, um sich dem ungerechten Befehl eines anderen zu beugen. Das bedeutet, dass im Un-Gehorsam immer noch ein gewisser Gehorsam bestehen bleibt – dem eigenen Gewissen gegenüber. Die Geste desjenigen, der »Nein« sagt, lässt sich daher nicht als kriminelle Handlung interpretieren. Im Gegenteil, Ungehorsam ist eine Pflicht in einer Welt, in der Verantwortlichkeiten zersplittert sind, Indifferenz von der Reaktion entbindet und politische Ohnmacht systematisch mit souveräner Neutralität verwechselt wird. Daher kann diesbezüglich mitunter sogar von »unbegrenzter Verantwortung« gesprochen werden.[46]

Gleichwohl überschreitet diese überaus starke Spannung nicht die Grenzen des öffentlichen Raumes, die Zwänge des Gesetzes, die Schranken der Verfassung. Selbst der rebellischste Ungehorsame spielt dabei mit und

---

45 Vgl. Étienne de la Boétie, *Von der freiwilligen Knechtschaft*, übers. v. Horst Günther, Frankfurt/M. 1980.

46 Vgl. Frédéric Gros, *Désobéir*, Paris 2017.

steigt nicht aus. Das hebt Arendt an mehreren Stellen hervor, einerseits besorgt darum, die Verfassungsmäßigkeit und den demokratischen Geist des Ungehorsams gegenüber anderen gewaltsamen Protestformen aufzuzeigen, und andererseits in großer Verlegenheit aufgrund jener latenten subversiven Aufladung, über die auch sie nicht hinwegsehen kann. So erkennt sie im Ungehorsam schließlich das Symptom, das die Instabilität demokratischer Systeme und die Erosion staatlicher Autorität anzeigt, gleichsam das Vorzimmer einer revolutionären Situation. Aber sowohl für Arendt als auch für Marcuse behält – wenn auch von einem völlig anderen Standpunkt aus – die Diskontinuität letztlich die Oberhand, und der Übergang vom Vorzimmer in den Hauptsaal bleibt im Dunkeln, während ersteres in jedem Fall einen Nebenschauplatz darstellt.

Das eigentliche Problem liegt jedoch gerade in der von Arendt gepriesenen Verfassungsmäßigkeit. Ziviler Ungehorsam ist die Revolte, die innerhalb der Grenzen des von der liberalen Demokratie zugestandenen öffentlichen Raums verbleibt. In diesem Sinne kommt er der äußersten, radikal-demokratischsten oder demokratisch-radikalsten Praxis gleich, die den aufrührerischsten Gebrauch von Gesetz, Verfassung und Staat macht, indem sie diese von innen heraus anficht. Derrida hat dies in seinem Essay über Mandela dargelegt.[47]

---

[47] Vgl. Jacques Derrida, »Die Bewunderung Nelson Mandelas oder Die Gesetze der Reflexion«, in: *Für Nelson Mandela*, übers. v. Gabriele Ricke und Ronald Voullié, Reinbek 1987, S. 11-45.

Aber der Ungehorsam geht darüber nicht hinaus, er stellt die politische Architektur der liberalen Demokratie und die Governance des öffentlichen Raums nicht in Frage, bricht nicht mit der Rechtsstaatlichkeit. Das Sit-in veranschaulicht all dies auf die deutlichste Art und Weise und repräsentiert daher die Modalität, die zum schlechthinnigen Symbol des Ungehorsams werden konnte. In dieser Hinsicht fällt es schwer, selbst Thoreau als Ungehorsamen zu bezeichnen. Und zwar nicht so sehr wegen des bekannten Missverständnisses – sein Werk trug ursprünglich den Titel »Ziviler Widerstand gegen die Regierung« –, als vielmehr aufgrund der mit Nachdruck, wenngleich abstrakt vorgebrachten Forderung, sich vom Staat distanzieren und aus ihm aussteigen zu können.

Darin ist also die Neuheit der »neuen Ungehorsamen« auszumachen, die sich an den Rändern der Gemeinschaft, an der Grenze des öffentlichen Raumes, bewegen und diese bisweilen – zu Lande wie zu See – bereits überschreiten, indem sie die politische Architektur ins Wanken bringen und die staatszentrierte Ordnung erschüttern. Nicht zufällig stehen sie Migrant'innen bei, leisten ihnen Hilfe, nehmen sie auf, nicht zufällig werden sie dafür kriminalisiert und illegaler Handlungen beschuldigt. Ihr Ungehorsam mündet bereits in die anarchische Revolte.

Die Grimassen von Anonymous

Es ist nicht möglich, die Spuren von Anonymous zurückzuverfolgen, die sich in den dunklen Mäandern des Netzes verlieren, in den Untiefen des /b/-Imageboards von 4chan, auf dem die Nutzer unzensiert intervenieren und kommentieren konnten, ohne sich identifizieren zu müssen. Während diesen unangemeldeten Nutzern der Nickname »anonymous« zugewiesen wurde, identifizierten sich diese ihrerseits zunehmend mit Anonymous. Die populäre, von Trollen sowie provokativen und irreführenden Beiträgen geprägte Cyberkultur vermischte sich allmählich mit den libertären Strömungen jener Hacker, die sich aufgrund der Begegnung mit dem Altermondialismus dem politischen Engagement verschrieben hatten und zu Hacktivisten geworden waren. Daraus ging eine ungewöhnliche Mischung hervor, die auch eine Art von Befreiung darstellte, insofern aus der verrufenen Unterwelt des Webs eine der subversivsten Bewegungen der aktuellen Szene zutage trat: Anonymous, ein nicht-kollektives Kollektiv, eine nicht-gebrandete Marke, ein Name, der niemanden bezeichnet und für alle verfügbar ist.

»Niemand spricht im Namen von Anonymous. Es gibt nichts Offizielles. Keine Videos. Keine Operationen. Selbst diese Pressemitteilung, ist – obwohl sie von einer unbekannten Anzahl anonymer Personen zu einer unbekannten Zeit und an einem unbekannten Ort abgefasst und anonym online gestellt wurde – nicht im Namen von Anonymous formuliert«, so war auf einem der wichtigsten Kanäle der Bewegung, der Website AnonNews.org, zu lesen.

Man erahnt, warum es so schwierig ist, deren Geschichte zu rekonstruieren. Aus den Schatten des Internets heraus gelangte Anonymous im Januar 2008 in die weltweiten Schlagzeilen, nämlich mit einem Angriff auf

Scientology, der vorgeworfen wurde, ein verstörendes Insidervideo von Tom Cruise aus dem Web entfernen zu wollen. Die beherrschenden Themen waren also zunächst Zensur und religiöse Manipulation. Auf diese Attacke folgte eine Nachricht, die viral ging: »Wir grüßen euch, Führer von Scientology. [...] Ihr könnt euch nicht verstecken; wir sind überall. Wissen ist frei. Wir sind Anonymous. Wir sind Legion. Wir vergeben nicht. Wir vergessen nicht. Rechnet mit uns.« Handelte es sich tatsächlich um »Cyber-Terroristen«, als die sie Fox News 2007 in einem angstschürenden Bericht stigmatisierte? Oder handelte es sich um die neuen Exponenten einer jahrhundertealten Tradition des freien Denkens? Die zwischen antithetischen Urteilen hin- und hergerissene öffentliche Meinung zeigte sich überwiegend nachsichtig, als Anonymous beschloss, am 10. Februar 2008 zum ersten Mal in mehr als 100 Städten auf der ganzen Welt auf die Straße zu gehen, um der Initiative gegen Scientology weiteren Nachdruck zu verleihen. Von London bis Los Angeles erschienen die Demonstrantïnnen mit der Maske von *V*, dem legendären Protagonisten des Films *V wie Vendetta*. Die Maske war einerseits ein Schutzschild zur Abwendung von Repressalien und andererseits ein gemeinsamer Code, der es aus dem Cyberspace stammenden Personen ermöglichte, zusammenzukommen und sich physisch zu vereinigen. Man kann darin eine mediale Höchstleistung erkennen. Seither wurde *V* zur Maske von Anonymous.

Trotz verschiedener Wechselfälle, die der Anonymität und offenen Horizontalität geschuldet waren, die sie aufgrund von Ambivalenzen und Schlupflöchern manchmal gegen das eigene Lager spielen ließ, konnten die Anons – wie die Aktivistïnnen selbst sich nennen – ihre Aktionen zur Verteidigung der Grundrechte und für die Informationsfreiheit stetig mehren. Auf diesem Weg war das Bündnis mit Julian Assange, einem Computergenie, das selbst aus den Reihen der Hacker stammt, sicherlich entscheidend. Auf der Grundlage einer globalen politischen Vision lieferte Wikileaks, das die Anonymität verteidigt, für das »Durchsickern von Nachrichten« eintritt und die Einsehbarkeit öffentlicher Daten für alle Bürgerïnnen unterstützt, die theoretischen Koordinaten für die Anonymous-Bewegung. Deren Image hat sich demnach gewandelt: von einer Ansammlung fanatischer Piratïnnen hin zu den neuen Robin Hoods des Webs. Im Dezember 2010 wurde die »Operation Avenge Assange« von AnonOps gestartet, einem der militantesten Knotenpunkte, dem es durch zahlreiche gleichzeitige Zugriffsanfragen gelang, die Webseiten großer Finanzunternehmen zu blockieren, darunter PayPal und Mastercard, die zuvor Spenden an Wikileaks ausgesetzt hatten.

Nicht weniger bedeutsam war der Übergang zu den Straßen und Plätzen. Am 15. Mai 2011, als die Indignados die Puerta del Sol in Madrid stürmten, bezog Anonymous schnell Stellung. Wenige Monate später, am 15. Oktober 2011, schlugen sich die Anons auf die Seite von Occupy Wall Street und sorgten dank ihrer digitalen Kanäle für große mediale Aufmerksamkeit. Dies stellte auch eine Gelegenheit dar, die Hackerwelt bekannt zu machen, um sie den Protestbewegungen näher zu bringen; Anons erscheinen seither regelmäßig neben den Gewerkschaften. Die

Masken von *V*, die die Plätze und das Netz übersäen, besiegeln eine noch nie dagewesene Konvergenz – nahezu eine Kontamination – zwischen den spontanen Versammlungen, die versuchen, die öffentliche Bühne zu besetzen, und den aus dem Cyberspace herkommenden subversiven Bewegungen.

Seither hat Anonymous, das etliche analoge Initiativen wie etwa den Cyberfeminismus inspiriert hat, eine immer bedeutsamere Rolle in der globalen Medienarena übernommen. Ungezählt bleiben die Operationen während des Arabischen Frühlings und ganz allgemein gegen repressive Regime, vom Iran über die Türkei bis zu Syrien, ganz zu schweigen von den Angriffen gegen den Ku-Klux-Klan, White Supremacy, Rassisten sowie rechtsextremen Gruppen und Parteien. Beeindruckend war das konzertierte Vorgehen gegen die Dschihadisten-Galaxis des IS. Nahezu überall starteten die Anons Aktionen gegen kinderpornographische Seiten und pädophile Foren. Konstant bleibt die Wachsamkeit gegenüber Finanzinstituten, Banken, pharmazeutischen Konzernen, der Lebensmittelindustrie sowie gegenüber dem Machtmissbrauch der Ordnungskräfte.

Die Taktik von Anonymous kann als eine der Störung und Unterbrechung bezeichnet werden. Dies geschieht auf mehreren Ebenen, die aber oft eng miteinander verzahnt sind. Der *lulz*, ein korrumpiertes Akronym für *laugh out loud*, das für den humoristischen Scherz, aber auch für die halb schadenfrohe, halb schmerzvolle Grimasse steht, ist ein Schlüsselelement: Die beste Form von Subversion ist nicht die Zerstörung, sondern die Fehlleitung des Codes. Damit verwandt ist die Praxis des DDoS – das Kürzel für Distributed Denial of Service –, die zu einer vorübergehenden Blockade einer Website wegen einer »Verweigerung des Dienstes« führt. Es handelt sich um eine Transformation klassischer Protestformen von Straßenblockaden bis zu Sit-Ins, die so in den virtuellen Raum übertragen werden. Auf halber Strecke zwischen Spott und Doxing, der Veröffentlichung von Nachrichten, Informationen und personenbezogenen Daten, ist das mittlerweile recht häufig eingesetzte Defacement zu verorten: Eine Website wird sowohl deshalb verunstaltet, um einen Nachweis ihrer mangelhaften Sicherheit zu liefern, als auch aus symbolischen Gründen – so geschehen in der Woche um den 5. November 2019, als auf mehreren europäischen rechtsextremen Websites die jeweilige Startseite durch die Maske von *V* ersetzt wurde.

Anonymous ist eine Bewegung ohne Hierarchie und ohne Anführer, in deren Reihen es nicht möglich ist, sich einen Namen zu machen, Ruhm zu erlangen, zu einer öffentlichen Figur zu werden oder sich, dem die politische Szene beherrschenden Kanon des Individualismus folgend, selbst zu vermarkten. Dies wird von der eingesetzten Ikonographie bekräftigt – neben der Maske das Bild des kleinen Mannes in Anzug und Krawatte, der anstelle eines Kopfes ein Fragezeichen auf den Schultern trägt. Jeder kann Anonymous sein, indem er sich auf jenen Namen der Anonymität bezieht. Die radikale Offenheit und freie Verfügbarkeit dürfen jedoch nicht missverstanden werden. Obwohl Anonymous keine übergreifende Organisation besitzt, zeigt die Bewegung großen kulturellen

Zusammenhalt und politische Solidarität.[48] Anonymous funktioniert als Meme, als wiederverwendbare Figur. Der Großbuchstabe A verweist auf die Möglichkeit einer unendlichen Zahl. Die anarchische Dezentralisierung kehrt auch im Handeln wieder. Es gibt keine Anführer, aber auch keine Befehle. Eine unbeständige Gemeinschaft vereinigt sich spontan um ein temporäres Ziel herum – wie ein Fischschwarm, der sich koordiniert in den Tiefen des Meeres bewegt, oder eine Vogelschar, die in ein und dieselbe Richtung zieht. Nichts hindert sie daran, sich zu trennen oder wieder zusammenzufinden. In dieser anonymen Horizontalität ist sowohl die Stärke als auch die Schwäche der Bewegung zu sehen. Selbst wenn vermeintliche Anons verhaftet würden, bestünde Anonymous weiterhin geteilt fort.

Faszination schlägt leicht in Beunruhigung um. Es ist daher nicht verwunderlich, dass diese Bewegung – wie andere ihrer Art – im hypercodierten Raum der Politik entweder unterschätzt oder aber verboten und kriminalisiert wird. Im Speziellen wird die Praxis der Anonymität an den Pranger gestellt, die als illegal gilt und damit entpolitisiert wird. Dahinter ist jedoch auch ein moralisches Urteil wirksam.

Sich in der Anonymität zu verbergen, bedeutet ganz offensichtlich, sich möglichen Sanktionen entziehen zu wollen. In dieser Perspektive betrachtet wäre eine »Politik der Anonymität« ein Widerspruch in sich. Wenn man nicht dazu bereit ist, öffentlich und klar identifizierbar zu erscheinen, entsagt man schließlich der politischen Bühne. Es ist

---

[48] Darauf insistiert insbesondere die Studie von Gabriella Coleman, *Hacker, Hoaxer, Whistleblower, Spy. The many faces of Anonymous*, London 2014.

jedoch genau diese Alternative, der Anonymous den Boden entziehen will. Was sodann auch bedeutet, sich von den konventionellen Rahmungen der Politik frei zu machen. Gerade deshalb wird Anonymous angesichts der destabilisierenden Wirkung der entfesselten Aktionen zum Ziel oftmals unverhältnismäßiger Repressionen.

Anonymität scheint jedoch nicht so sehr ein Verlangen, sondern beinahe eine Notwendigkeit darzustellen. Dafür ließen sich zahlreiche Beispiele anführen. Es ist nur schwer zu verstehen, warum jemand, der einen Missbrauch, eine Veruntreuung oder einen Betrug aufdeckt und meldet, notwendigerweise einen Preis dafür zu zahlen hat, indem er sich Entlassung, Degradierung, etwaigen Repressalien oder anderen, noch weitreichenderen Konsequenzen ausgesetzt sieht.[49] Und das gilt in gesteigertem Maße für diejenigen, die nicht direkt an den aufgedeckten Anomalien oder Missständen beteiligt waren. Damit kehrt die Idee wieder, dass derjenige, der sich für eine Sache engagiert, auch bereit sein muss, die Gage, den nötigen Unterpfand zu entrichten. Dem Regelgemäßen der Konformen wird die Anomalie der Abweichenden gegenübergestellt. Kurzum: Dissens wird für eine Entscheidung gehalten, für die man bezahlen muss. Wer sie trifft und vollzieht, verpflichte sich bereits den Restriktionen des öffentlichen Raumes und unterstelle sich den Zwängen der politischen Architektur, indem er dafür bürge, die Kosten zu tragen und zu vergüten, Abbitte zu leisten.

---

49 Das ist insbesondere das Problem der Insider, die einer bestimmten Institution angehören und daher überaus großem Druck ausgesetzt sind.

Noch vor aller notwendigen Kritik dieser Auffassung von Dissens hat man sich zu fragen, warum in einer Demokratie, die als solche weder eine Vorzensur ins Werk setzen noch die Möglichkeit des Handelns und der Meinungsäußerung behindern sollte, überhaupt auf den Ausweg der Anonymität zurückzugreifen ist. Das Resultat von alldem ist eine drastische Reduzierung der Anzahl derer, die intervenieren. Nicht jeder ist bereit, das Risiko einzugehen und den verlangten Preis zu zahlen. Der unverbrüchliche Zusammenhang von Politik und Öffentlichkeit spitzt die Konfrontation weiter zu, verschärft die Spannung. Die Praxis der Anonymität hingegen entschärft, entdramatisiert und verweist, indem sie jene Restriktionen sichtbar werden lässt, auf eine Politik jenseits der Schemata des öffentlichen Raumes.

Anonymous setzt diese Möglichkeit bereits in Szene, indem es mit seinem Einfall auf der Bühne auch die Modalitäten des Protests umstürzt. Niemand weiß, wer plötzlich damit begonnen hat und auch nicht wo, mit wem oder wann es weitergehen wird. Jeder kann teilnehmen, in diesem oder einem anderen Augenblick, auch nur für kurze Zeit, ohne sich ausrichten und auf Linie bringen zu müssen. Der Protest ist nomadisch, transitorisch, fragmentiert. So wie sich die Zeiten vervielfachen, vermehren sich auch die Orte, die nun nicht mehr jenen entsprechen, die seit jeher für etwaige Mobilisierungen vorgesehen sind; was im Übrigen exakt die Dezentralisierung des Webs widerspiegelt. Der Raum des Protests ist nicht länger institutionalisiert, nicht mehr von den Sicherheitskräften monopolisiert, wird nicht mehr von den traditionellen Vermittlern wie

Parteien und Gewerkschaften verwaltet, bleibt nicht den offiziell zugelassenen Gruppen und Bewegungen überantwortet. Das Ergebnis ist die Auffächerung der Orte und eine radikaldemokratische Umverteilung.

Noch explosiver gestaltet sich die Wirkung auf das »Subjekt«, das offenkundig nicht mehr identifizierbar ist. Auf der öffentlichen Bühne ist man in der Regel dazu angehalten, sich mit einer nicht nur dokumentierbaren, sondern auch klar erkennbaren Identität zu präsentieren. Wo sich das Spiel der Interaktionen intensiviert, wird der Konflikt schärfer und die Identität kristallisiert und wird fixiert. Man denke etwa an die sogenannten »öffentlichen Personen«, aber auch an Aktivist:innen, eingetragene Mitglieder. Die Praxis der Anonymität ent-subjektiviert und entfremdet – in vielerlei Hinsicht. Zunächst, weil sie von der Unterwerfung unter die Institutionen befreit, in die man hineingeraten ist; sodann aber auch, weil sie die unterjochende Resignation aufhebt, mit der man am Ende das starre Selbstbild billigt, wie es von den anderen reflektiert wird. Anonymität schützt nicht nur vor äußerem Druck, sondern befreit – wie die Maske – von der Identität selbst. Indem es deren Mythos demaskiert und entlarvt, lässt sie jene gebrochene Identität zu, die schon immer die Existenz kennzeichnet. Das bedeutet, sich zu ent-identifizieren, Zugehörigkeiten zu entsagen, Formen beharrlichen Widerstands zu kultivieren. Der Name Anonymous entkoppelt die Politik von der Identität, durchbricht die Grenzen des von Schmitt skizzierten Szenarios und überschreitet jene kriegerische Logik, die auf der Politik der Identität beruht. In jenem Kontext kann das Selbst unmöglich mehrere

Fronten und Gesichter haben – und vor allem muss es zum Kampf bereit sein. In der Praxis der Anonymität hingegen wird die Möglichkeit erprobt, politisch zu handeln, ohne in den klassischen Rahmen des Konflikts einzutreten. Das erweist sich letztlich als wesentlich konfliktreicher.

Man interveniert, ohne erkannt zu werden und ohne seine Feinde zu identifizieren. Die irritierende Formel »Hallo Weltbürger, wir sind Anonymous«, die sowohl hinsichtlich ihres Urhebers als auch bezüglich des Empfängers unbestimmt bleibt, strebt weder nach einem starren »Wir« noch nach der Konstituierung eines »Volkes«. Darin ist ein entscheidender Unterschied zu Protestbewegungen zu sehen, die im Gleichklang eines »Wir, das Volk« kulminieren, um ihre Souveränität zu behaupten. Der Gruß von Anonymous geht in eine andere Richtung. Nicht nur, weil er offenbar an alle gerichtet ist. Sondern weil er der Verbindung erratischer Allianzen entwächst, die nicht zu einem beständigen »Wir« verschweißen und stattdessen versuchen, die Individuen aus den Mustern der Zugehörigkeit, der identitären Leidenschaft, der souveränistischen Versessenheit herauszulösen und einen Archipel offener und heterogener Gemeinschaften in der Revolte entstehen zu lassen.

Über Unsichtbarkeit: Sich verbergen, um sich zu zeigen

Anonymität kann als Antwort auf die Politik der Identifikation gelten. Daher ist sie eng mit einem Rückgriff auf die Maske verflochten. Es geht nicht einfach darum, sich zu verbergen, sondern darum, sich zu verbergen, um sich zu zeigen: eine Herausforderung des Staates, der jede Maske verurteilt, die nicht die seine ist, der gesichtslosen Finanzmacht sowie einer entkörperten Ökonomie, die ihren eigenen Auswirkungen völlig gleichgültig gegenübersteht. Auf diese Weise können gewaltigen Asymmetrien aufgedeckt und das Missverhältnis der Kräfte offengelegt werden. Vor allem aber wird die planetarische Überwachung in die Schranken gewiesen und ein Recht auf Intransparenz eingefordert.

In der Geschichte mangelt es nicht an ähnlichen Beispielen wie Anonymous, bei denen ein fiktiver Name vorgeschoben wird, der als Deckmantel für die Aktionen einer Bewegung dienen kann. Die Tradition ist vielmehr sehr alt und geht auf die ersten Bauern- und Armenaufstände wie etwa die Jacquerie zurück, denjenigen Volksaufstand, der aufgrund des Spottnamens Jacques Bonhomme, den die Aristokraten in Frankreich spöttisch für die Bauern verwendeten, so bezeichnet wurde. Ähnlich verhielt es sich mit jenen Bauern, die sich zu Geheimbünden zusammengeschlossen im Herzogtum Württemberg erhoben und den Beinamen »Armer Konrad« oder »Armer Kunz« annahmen, mit dem der Adel sie für gewöhnlich zu verhöhnen pflegte. Die industrialisierte Moderne wiederum wird von der legendären Figur des Ned Ludd gekennzeichnet, der einen mechanischen Webstuhl zerstört haben soll, um die durch Maschinen induzierte Entfremdung anzuprangern, und der Bewegung der Ludditen ihren Namen verlieh. Zwischen Mythos und Realität wird das kollektive Pseudonym zu einem Erkennungszeichen, zum Siegel eines Bündnisses, zu einem Schutzschild, das den Protest ermöglicht. Die Beispiele sind auch in der jüngeren Vergangenheit zahlreich.

Obwohl Anonymous gewissermaßen Erbe dieser langen Tradition ist und von denselben Spannungen durchzogen wird, unterscheidet sich die Bewegung dadurch, dass sie die Anonymität offen im Namen führt. Dieser Unterschied ist entscheidend und für aktuelle Bewegungen charakteristisch, die symbolisch wie auch explizit auf Anonymität und Unsichtbarkeit setzen. Als Wu Ming – was im Chinesischen sowohl »fünf Namen« als auch »anonym« bedeutet – firmiert ein Kollektiv von fünf italienischen Schriftstellerïnnen, die neben der Veröffentlichung erfolgreicher belletristischer Bücher für die Abschaffung des Urheberrechts eintreten und ihre Texte online zur Verfügung stellen, sodass diese unbegrenzt zu neuen Werken verändert werden können.[50]

Seit seinem ersten Erscheinen im Jahr 2005 in Frankreich, das noch von den Aufständen in den Banlieues erschüttert wurde, hat das Unsichtbare Komitee, das eng mit der Gemeinde Tarnac verbunden ist, die Unsichtbarkeit in seinem Namen sinnträchtig behauptet. Mit vielsagenden Grenzen jedoch: Denn es trat unter anderem als Autor des Essays *Der kommende Aufstand* in Erscheinung. Der Text, der 2007 im Verlag La Fabrique als Erweiterung einer Gegenwartsdiagnose veröffentlicht wurde, die auf die Zeitschrift »Tiqqun« zurückgeht, löste sofort eine hitzige Debatte aus.[51]

---

50 Vgl. dazu den Blog von Wu Ming: www.wumingfoundation.com/giap/.

51 Vgl. Unsichtbares Komitee, *Der kommende Aufstand*, übers. v. *uns*, zur freien Verbreitung, 2010, www.trend.infopartisan.net/trd1210/insurrection.pdf.

Er zog zugleich aber auch die Aufmerksamkeit von Polizei und Justiz auf sich, die darin eine praktische Anleitung zum Aufstand zu erkennen glaubten. Auf Grundlage obskurer Hypothesen und fragwürdiger Anschuldigungen – unter anderem die des »Terrorismus« und der Bildung einer »subversiven Vereinigung« – wurden zwanzig Mitglieder des Komitees, darunter Julien Coupat und Yildune Lévy, bei einer Razzia in der Nacht des 11. November 2008 festgenommen. Ein Großteil der französischen Medien befürwortete zunächst die Polizeiversion einer »autonom-anarchischen« Verschwörung. Innerhalb weniger Tage verflüchtigte sich der aufgewirbelte Staub jedoch und eine entschiedene Protestbewegung gipfelte in dem Aufruf »Nein zur neuen Ordnung«, der von Intellektuellen und Philosophen wie etwa Giorgio Agamben, Jacques Rancière, Alain Badiou und Slavoj Žižek unterzeichnet wurde. In dem Appell werden jene Ausnahmegesetze benannt, die unter dem Vorwand des Terrorismus erlassen werden, die Demokratie untergraben und den Dissens kriminalisieren.[52] Erst nach einem langwierigen und komplizierten Prozess, der fast zehn Jahre dauerte, endete die sogenannte »Tarnac-Affäre« mit einem Freispruch von der Anklage auf Sabotage von TGV-Hochgeschwindigkeitsstrecken. In den Texten des Unsichtbaren Komitees wird die Frage nach der Möglichkeit aufgeworfen, in den Falten eines schleichenden und verhohlenen Ausnahmezustands, in dem Überwachung, Karteiführung und biometri-

[52] Vgl. »Non à l'ordre nouveau«, in: *Le Monde* vom 28.11.2008, www.lemonde.fr/idees/article/2008/11/27/non-a-l-ordre-nouveau_1123915_3232.html.

sche Erkennung zur Norm werden, Widerstand zu leisten. Wie wird man unregierbar? Auf dem von Foucault vorgezeichneten Weg der freiwilligen Unknechtschaft wird nach Bruchstellen, Unterbrechungen, Suspensionen und Formen der organisierten Einsamkeit gesucht.

Was für die Anonymität gilt, das trifft auch auf die Unsichtbarkeit zu. In dem einen wie in dem anderen Fall tritt die Abweichung von einer jahrhundertealten Tradition zutage, die sich in Formen der Klandestinität entwickelte. Präzedenzlos aber sind die aktuellen Modalitäten des Handelns im Zeichen von Anonymität und Unsichtbarkeit, die nicht negativ zu verstehen sind, als wären sie nur das Ergebnis eines Mangels, eines erlittenen Zwanges. Anonymität wird beansprucht und behauptet, die Maske wird zur Schau gestellt. Genau darin liegt die Distanz zur traditionellen Klandestinität. Der affirmative, ja performative Wert ist in diesem paradoxen Erscheinen unter Tarnung zu sehen: sich verbergen, indem man sich zeigt und sich zeigen, indem man sich verbirgt.

Es ist daher notwendig zu fragen, was es bedeutet, Anonymität zu beanspruchen und die Unsichtbarkeit zu organisieren. Denn darüber verläuft der Unterschied zu jenen, die auf der Straße oder im Netz eine größere Sichtbarkeit einfordern und das Recht zu erscheinen geltend machen. Diejenigen, die in dieser Form protestieren, verfolgen zwar das Ziel, den öffentlichen Raum zu verändern, akzeptieren jedoch dessen Bedingungen und sind bereit, den Preis dafür zu entrichten, indem sie ihre Identität preisgeben, ihren Körper exponieren, ihr Gesicht zeigen und ihren Namen einsetzen, sich an diesen binden lassen.

Die Verbindung zwischen Politik und Öffentlichkeit wird dadurch nicht unterbrochen. Die Praxis der Anonymität und der Unsichtbarkeit hingegen zielt darauf ab, das Pathos von der politischen Bühne zu drängen, es vom Preis des Erscheinens zu entbinden. Während sie so die Grenzen der Zugänglichkeit aufzeigen, verweisen sie auf eine neue politische Szenerie.

Ist eine Politik jenseits des allseits reglementierten und kontrollierten öffentlichen Raumes möglich? Sich diese Frage zu stellen, könnte womöglich bereits dazu beitragen, einen anderen Blickwinkel einzunehmen, von dem aus jenes Dispositiv des öffentlichen Raumes, das in seiner Offensichtlichkeit unbemerkt bleibt, ins Auge gefasst und zugleich die arendtsche Definition, die Politik auf die Sichtbarkeit innerhalb der *pólis* beschränkt, von neuem auf die Probe gestellt werden können. Es würde aber auch bedeuten – an den Rändern der politischen Architektur und der moralischen (oder moralistischen?) Schemata –, einen Blick in die anarchische Über-Politik zu werfen, die sich mit den neuen Revolten abzeichnet.

Masken und Zonen der Verantwortungslosigkeit

Anonymität und Unsichtbarkeit im öffentlichen Raum geltend zu machen, die Asymmetrie der Verhältnisse manifest werden zu lassen, Nein zu Überwachung und hyperbolischen Maßnahmen der Identifizierung zu sagen und Intransparenz zu beanspruchen, bedeutet jedoch auch, einer Frage aus dem Wege zu gehen, die hingegen unausweichlich ist.

Wer sich verbirgt, wer seinen Namen verschleiert, will sich offensichtlich jedweder Verantwortung entziehen. Im besten Fall wäre er ein Feigling, im schlimmsten ein Klandestiner, ein Bandit, ein Geächteter, ein Gesetzloser, der – anstatt sich im hellen Licht des Tages für seine Taten zu verantworten – sich vermummt, im Dunkeln lebt, bei Nacht aktiv wird. Im öffentlichen Raum bleibt das Kriterium der Identität maßgeblich. Auf diese Weise wird zwischen dem politischen Engagement derjenigen, die dazu beitragen, die Rechtsordnung zu reformieren, um sich in ihr wiedererkennen zu können, und dem kriminellen Verhalten der sich dem Gesetz Entziehenden unterschieden. Dieses Kriterium wird mitunter auch retrospektiv angewandt. So greift Eric Hobsbawm etwa auf die Figur des »unverhüllten Gesichts« zurück, um das verworrene Netz des italienischen Banditentums zu entwirren.[53]

Man könnte einwenden, dass Anonymität und Unsichtbarkeit nie wirklich als solche bestehen; das zeigen nicht nur die diesbezüglichen Forderungen, sondern auch die jeweiligen repressiven Manöver. Häufig handelt es sich zudem um eine »soziale Anonymität«, die von politischen oder kulturellen Gruppen und Kollektiven nur vorübergehend geteilt wird. Und doch scheinen Maske und Verantwortung im Widerspruch zueinander zu stehen.

Die Diskussion über diesen Punkt ist weiterhin offen. Während sich auf der einen Seite diejenigen verorten las-

---

53 Vgl. Eric Hobsbawm, *Die Banditen. Räuber als Sozialrebellen*, übers. v. Rudolf Weys und Andreas Wirthensohn, München 2007.

sen, die ohne zu zögern das Richtbeil des moralischen Urteils schwingen und mit Anschuldigungen von Feigheit und Niedertracht um sich schleudern, gibt es auf der anderen Seite auch diejenigen, die das Problem in komplexeren Hinsichten angehen, wie es der aktuellen Lage angemessener scheint. Gerade der Kontext der Revolte kann zu einer weiteren Klärung beitragen. Streng genommen wäre ziviler Ungehorsam nicht legitim, würde er nicht im Namen der persönlichen Identität verwirklicht und ausgeführt. Es wird vorausgesetzt, dass diejenigen, die den Gehorsam verweigern, sich den Strafmaßnahmen der Autoritäten aussetzen, die auf diese Weise anerkannt und ratifiziert werden. Die Geste des Ungehorsams erscheint so von einer moralischen Überlegenheit geprägt und von einem Ideal des Martyriums durchdrungen. Anonymität und Maske distanzieren sich entschieden von diesem Modell. Anstatt sich der Verantwortung zu entziehen, suchen sie nach einem anderen Ausweg.

Wo aber lassen sich überhaupt Alternativmodelle ausfindig machen? Es ist kein Zufall, dass Spinoza, mithin der Philosoph, an den zu Recht als Pionier und aufrichtiger Verteidiger der Meinungsfreiheit erinnert wird, auch derjenige ist, der als erster das Recht auf »Geheimhaltung« als unverzichtbare Barriere gegen die totalitäre, die Demokratie untergrabende Macht der Öffentlichkeit einforderte. Mit diesem Appell schließt der *Theologisch-politische Traktat* (XX, §12), in dem Spinoza stillschweigend und untergründig seine eigene Erfahrung nachzeichnet und damit ein Kapitel der Geschichte der Marranen schreibt.

Zur Konversion gezwungen, meiden die Marranen – wenn sie denn können – das Martyrium und wählen den Meineid, verschreiben sich der Verstellung, nehmen eine existenzielle Dualität auf sich und bewegen sich in einer außermoralischen Verdoppelung, wo jedes Gesicht eine Maske ist und die eigene Maske sich als Gesicht offenbart. Und der Jude weiß nicht mehr, ob er durch die Verstellung nicht wirklich zum Christen geworden ist. Als Verräter abgestempelt, zerstreuen die Marranen den Verdacht, bewahren das Geheimnis, wählen die Flucht, suchen in der Unauffälligkeit Zuflucht, entziehen sich jeder Anklage und eröffnen eine bislang ungeahnte Modalität des Widerstands.[54]

Die Tatsache, dass die öffentliche Bühne heute mit Masken übersät ist, sollte zu denken geben. Da sind die weißen Masken der prekär Beschäftigten, die diese – zumeist ohne jede Unterstützung traditioneller Gewerkschaften und Organisationen – tragen, um so auf ihre Forderungen aufmerksam zu machen, ohne damit ihren zeitweiligen Arbeitsplatz zu riskieren. Da ist die schwarze Vermummung der Black Blocks, einer undurchsichtigen Masse von Körpern, in denen sich Wut und Entschlossenheit zu verdichten scheinen, dem Schreckgespenst der Ordnungsmächte, dem Phantasma großstädtischen Chaos. Auf den Plätzen überrascht jedoch die Vielfalt: von der OP-Maske und dem antibakteriellem Mund-Nase-Schutz, die nicht selten für ganz andere Zwecke eingesetzt werden, bis hin zu Gasmasken. Letztere sind in großer Zahl in den Stra-

---

54 Vgl. Donatella Di Cesare, *Marrani. L'altro dell'altro*, Turin 2018.

ßen von Hongkong aufgetaucht, wo zunächst ein umstrittenes »Anti-Masken-Notstandsgesetz« erlassen wurde, das sodann aber wieder aufgehoben werden musste.

Die am weitesten verbreitete, beliebteste und am häufigsten verwendete Maske – von Mexiko bis Bahrain, von Bosnien bis Australien – ist jedoch die von Anonymous, sprich von *V*. Unbestreitbar existieren nicht sehr weit zurückliegende Präzedenzfälle. Es genügt, hierfür an die Videos zu erinnern, in denen Zapatisten mit verhülltem Gesicht ein Kommuniqué im Namen ihres sinnbildlichen Sprechers, des Subcomandante Marcos, verlesen und damit die Abwesenheit eines Anführers bezeugen. Im Fall von *V* ist jedoch der Austritt aus der Klandestinität und der Einzug der Maske in den öffentlichen Raum offensichtlich, wo diese von einer symbolischen »Million«, von der größtmöglichen Anzahl an Demonstrantinnen zur Schau gestellt wird.[55] Jeder und jede kann *V* sein, und gerade deshalb macht es keinen Sinn danach zu fragen, wer sich hinter der Maske verbirgt.

Die inzwischen unverkennbaren Züge von *V*, ein wenig respektlos und ein wenig bedrohlich, gehen auf Guy Fawkes zurück, dessen Name in der britischen Geschichte mit dem »Gunpowder Plot« verbunden ist. Als Mitglied einer Gruppe katholischer Verschwörer wäre es Fawkes zugekommen, die Lunte zu zünden, die am 5. November 1605 das Parlament im Palast von Westminster in die Luft sprengen und damit in das Herz der Monarchie treffen sollte. Ziel war es, die britische Politik gegenüber Katholiken

---

[55] Der Million Mask March ist inzwischen zu einer globalen Veranstaltung geworden, die Jahr für Jahr am 5. November stattfindet.

und Minderheiten radikal zu verändern. Das geplante Attentat wurde jedoch verraten und vereitelt, Fawkes verhaftet. Gegenüber dem König zeigte er keine Reue, worauf er gefoltert und schließlich hingerichtet wurde. Obwohl die Anglikaner in der Nacht zum 5. November sein Bildnis auf einem von Feuerwerk umgebenen Scheiterhaufen verbrannten, um die Aufdeckung der Verschwörung zu feiern, ist Guy Fawkes zu einem Symbol für den Kampf für Freiheit und Grundrechte geworden, während das Fest damit nach und nach seine Vorzeichen geändert hat. Im Grunde bedeutet die Berufung auf Fawkes heute die Erinnerung an eine Niederlage, oder besser: an einen ausgebliebenen Racheakt.

Dieser Übergang wurde durch die Graphic Novel *V wie Vendetta* bekräftigt, die zwischen 1982 und 1985 der Phantasie des Comicautors Alan Moore und des Illustrators David Lloyd entsprang. Die Geschichte spielt im England einer dystopischen Zukunft, in der ein totalitäres und faschistisches Regime – ähnlich dem von Orwell beschriebenen – durch ubiquitäre Medienpropaganda herrscht. Diesem Regime widersetzt sich die rätselhafte Figur von *V*, dessen Gesicht stets von der Maske des Guy Fawkes verdeckt ist, von dem er sich inspirieren lässt. Gebildet und eigenbrötlerisch, gezeichnet von den Jahren im Konzentrationslager, auch er ein Spezialist für Schießpulver und Sprengstoff, vereinigt *V* Rachedurst und Freiheitsdrang in einer Art von neuem Anarchismus. Wie ein Hacktivist übernimmt *V* die Kontrolle über Computernetzwerke und kämpft gegen die zentralisierte Regierung, ohne jemals für eine bestimmte Partei einzutreten. Von einer gewissen »linken Melancholie« durchdrungen, spricht er nicht in der ersten Person, sondern zitiert stets gerne, sodass Zweifel an seiner physischen Existenz aufkommen und die Vermutung wächst, er verkörpere eher eine Idee. Das ist es also, was sich hinter der Maske verbirgt: die Idee. Und bekanntlich sind Ideen kugelsicher. Aber *V* wäre nicht ohne den Erfolg des 2006 in den Kinos angelaufenen Films *V wie Vendetta*, von dessen Adaption sich Moore deutlich distanzierte, auf die Straße gegangen. In dessen Schlussszene wird die Maske von einer riesigen Menschenmenge getragen, die das Regime stürzt.

Womöglich ist es aber auch noch eine andere Maske, die wichtige Hinweise auf die entscheidende Frage nach der Verantwortung liefern kann. Am 12. Mai 1797 kapitulierte der Große Rat der Republik Venedig feige vor Napoleon Bonaparte und erklärte damit seine eigene unrühmliche Auflösung. In jenen stürmischen und finsteren Zeiten, die der aktuellen düsteren Lage so ähnlich scheinen, erwählte Giandomenico Tiepolo, etablierter Maler und venezianischer Bürger, in seinen letzten Lebensjahren Pulcinella zu seinem Alter Ego, dem er ein Album mit Zeichnungen auf 104 Blättern widmete – nahezu eine Inkunabel der späteren Comics. Diesem außergewöhnlichen und wenig bekannten *Divertimento per li regazzi* – wobei mit »regazzi« nicht eigentlich Kinder, sondern die Freigeister im Allgemeinen gemeint sind – ist ein unlängst erschienener Essay von Giorgio Agamben gewidmet.

Warum gerade Pulcinella, die beliebteste Maske des italienischen Volkstheaters? Abgeschnittener Kegelhut, schwarzes Gesicht mit Vogelschnabel, ein nahezu proteischer, in Weiß drapierter Körper – so tritt er uns gegenüber, Pulcinella, der rätselhafte Neapolitaner, von einer unwiderstehlichen Energie beseelt, zu allen Abenteuern bereit, den Autoritäten sich widersetzend, moralischen Pflichten gegenüber unempfindlich, der sich zu Überlebenszwecken einfältig gibt, tölpelhaft und allseits geprügelt wird, letzten Endes aber unbesiegbar, wenn nicht gar unsterblich ist.

Eine »nüchterne Meditation über das Ende«, die an die von Pulcinella zu Wegbegleitern auserkorenen »regazzi«, vermeintlich also an »Kinder«, adressiert ist, wird mit Sicherheit keine apokalyptischen Töne anschlagen. In der Tat handelt es sich lediglich um ein Divertimento, eine Belustigung – nichts weiter Tragisches. Im Gegenteil, von allem Tragischen wird angemessen Abstand genommen. In seinem Schmerz und Unglück verschlossen, ein Opfer jener Verfehlung, die ihn der Schuld ausgeliefert und ihn dem unentrinnbaren Schicksal eingeschrieben hat, ringt der tragische Held mit den Fesseln seiner eigenen Taten, ohne einen Ausweg finden zu können. Die komische Figur hingegen, die ihren eigenen Charakter imitiert, führt Gesten und Handlungen aus, die ebenso unverbesserlich sind wie ihr erratisches Umherirren. Nicht, dass Pulcinella auf der Bühne überhaupt nicht handelte; jedoch bleiben seine Handlungen Lazzi: Späße, Possen. Die Lazzi, ein Wort von ungewisser Etymologie, sind jene halb spielerischen, halb flegelhaften clownesken Einlagen oder Motti, die in der Commedia dell'arte die Monotonie des Dialogs unterbrechen. Sie lösen die engen Maschen des Schicksals, lockern die Zwänge und vermindern die Spannungen. Vor allem aber durchkreuzen und vereiteln sie die Handlung und provozieren dadurch ein lautes, befreiendes Lachen. Pulcinella hütet sich davor, das Drama auszuspielen. Vielmehr hat er es immer schon unterbrochen, hat es je schon durch eine Seitengasse verlassen. Mit seinen Possen und Gegenpossen hält er sich raus aus dem Geschehen, verlässt die Bühne, entzieht sich jener albernen, trügerischen Affäre, in die man ihn verwickeln will. Wie ließe sich ihm irgendeine Verantwortung zuschreiben? Keine Anklage, keine Verantwortung.

Pulcinella scheint sich damit dort zu verorten, wo Identifikationen, Zuschreibungen und Anschuldigungen in der Schwebe verbleiben – gewissermaßen in Zonen der Verantwortungslosigkeit. Und das umso mehr, als Pulcinella keine einzelne Figur ist, sondern eine Reihe von Figuren, die allein durch einen Namen und eine schwarze Halbmaske miteinander verbunden sind. Und diese Maske wiederum, einfach und mehrfach zugleich, einsam und dicht bevölkert, ist wie eine Legion von Gespenstern, eine Schar von Engeln, oder besser gesagt: eine Bande, eine Horde, das heißt weder einfach Menschenmenge noch Volk, sondern Plebs. Außerhalb aller Identität ist sie zu einem unpersönlichen und höheren Leben berufen.

Gewiss, die Handlung, die traditionell der Ort der Politik sein sollte, findet hier nicht statt, hat keinen Platz mehr. Die Lazzi lösen und kündigen sie auf. Man sollte darüber jedoch nicht glauben, Pulcinella wäre gänzlich »unpolitisch«. Vielmehr fordert er eine andere Art von Politik ein und verweist diesseits wie jenseits des nun unmöglich gewordenen Handelns auf diese. In diesem Sinne ist er ein »staatenloser Hyperpolitiker«, ohne *pólis*, ohne den gewohnten öffentlichen Raum – und gerade deshalb hyper- und überpolitisch. Nachdem er die Selbstauslöschung der Serenissima überlebt hat, bleibt Pulcinella in einer Zeit aktuell und bedeutsam, in der wir »die Ausblendung der Politik und das Reich der Weltwirtschaft« erleben.[56]

Und das Geheimnis von Pulcinella? Worin ist es am Ende zu suchen? Denn im allgemeinen Sprachgebrauch bedeutet der Ausdruck ja das Geheimnis, das kein solches mehr ist, das bereits allgemein bekannt ist und nunmehr der Öffentlichkeit angehört: »Pulcinellas Geheimnis ist dies, dass es in der Komödie des Lebens kein Geheimnis gibt, sondern nur in jedem Augenblick einen Ausweg«. Ein beinahe messianischer Pulcinella scheint sich von den zuversichtlichen und doch von Grund auf tragischen Versen Hölderlins zu verabschieden: »Wo aber Gefahr ist, wächst das Rettende auch.« In reinen Pulcinella-Jargon übersetzt: *Ubi fracassorium, ibi fuggitorum*, wo aber eine Katastrophe ist, da ist auch ein Fluchtweg.[57]

DURCHSICKERN DER NACHRICHTEN

Macht verbirgt sich hinter dem Schleier des Arkanen, sie sucht Schutz im Schatten des Okkulten. Begrüßen wir also den digitalen Wind, der unaufhaltsam durch die immateriellen Kabel weht, die Dunkelheit vertreibt und das Obskure hinwegfegt. Im Zeichen der Transparenz hat in

---

[56] Giorgio Agamben, *Pulcinella oder Belustigung für Kinder*, übers. v. Marianne Schneider, München 2018, S. 72.

[57] Vgl. ebd., S. 130 und S. 45.

den letzten Jahren eine breite und verzweigte Strömung von *Whistleblowerïnnen* – Hinweisgeberïnnen, Aufdeckerïnnen von Fehlverhalten – genannten Journalistïnnen, Reporterïnnen und Aktivistïnnen die Missstände in den multinationalen Konzernen, Geldwäsche und Drogenhandel, Waffenschmuggel und alle Arten von humanitären Verbrechen ans Licht gebracht. Vor allem aber hat sie einen Schatten der Schande auf die politische Governance geworfen und ihre Heuchelei entlarvt. Es genügt, hierbei die *Panama Papers* zu erwähnen, welche die Steuerparadiese des Finanzkapitals aufdeckten, sowie die Verbreitung jener Dossiers, die der Welt 2011 die Monstrosität des Lagers von Guantánamo enthüllten.

Man geht sicher nicht fehl, bei diesen provozierten, sich vervielfachenden »Leaks«, dem Durchsickern oder Durchstechen von Nachrichten, von Revolte zu sprechen, insofern sie das System der Information stören und häufig auch die weltpolitische Agenda beeinflussen. In der Tat wurden sie mit einer Rücksichtslosigkeit und Feindseligkeit bestraft, die exakt der von ihnen ausgelösten Angst entsprechen. Die Dreistigkeit der durchgesteckten Denunziationen scheint vollkommen unverzeihlich. Dies bestätigen die dramatischen Wechselfälle der drei herausragenden Figuren: Edward Snowden, Julian Assange und Chelsea Manning. Obgleich sie sich in ihren Positionen und Absichten unterscheiden, haben alle drei mit ihrer schieren Existenz dazu beigetragen, das Problem der Massenüberwachung im Zeitalter des Internets aufzuwerfen. Aus diesem Grund wurden sie beschuldigt, Spione, Verräter und Staatsfeinde zu sein. Die heftige Repression, der sie zum

Opfer fielen, erklärt sich nicht durch die Schwere ihrer »Vergehen«, sondern durch die Auswirkungen ihrer Handlungen auf die politisch-juridische Ordnung. Das wiederum hat etwa in den Vereinigten Staaten eine ostentativ souveränistische Reaktion auf den Plan gerufen.

Die Enthüllungen von Snowden, der die amerikanische National Security Agency (NSA) beschuldigte, über die Portale der großen Digitalkonzerne – Apple, Google, Facebook, Skype, Youtube, Twitter – die Daten ahnungsloser Bürgerïnnen zu sammeln und auszuwerten, eröffneten die Diskussion über die panoptische Kontrolle des Webs, jenes gigantischen und beunruhigenden Netzwerks, in dem ein jeder vom unsichtbaren Auge des Bildschirms ausspioniert wird. *No place to hide*, kein Ort, sich zu verbergen: So lässt sich sein Aufruf zur Verteidigung des »Privatlebens« zusammenfassen.[58] Anders liegt der Fall von Manning, die zu 35 Jahren Haft verurteilt wurde, weil sie Dokumente über illegale Handlungen der amerikanischen Armee weitergegeben hat – darunter ein mittlerweile weithin bekanntes Video, das den Luftangriff auf Bagdad im Jahr 2007 bezeugt, bei dem etliche Zivilisten und Reporter ums Leben kamen. Assanges Kampf wiederum ist von großer politischer Bedeutung: Nicht nur gründete er 2006 mit Wikileaks eine Plattform, die einen Raum für die anonyme Veröffentlichung von Daten bietet, sondern stellte auch zum ersten Mal die Idee von »Staatsgeheim-

---

58 Vgl. Glenn Greenwald, *Die globale Überwachung. Der Fall Snowden, die amerikanischen Geheimdienste und die Folgen*, übers. v. Gabriele Gockel, München 2014 (orig. *No Place to Hide: Edward Snowden, the NSA, and the U.S. Surveillance State*, New York 2014).

nissen« selbst in Frage. Darin ist seine Radikalität zu sehen. Denn bei näherer Betrachtung ist das Geheimnis nicht geheim, sondern einfach eine Nachricht, die unrechtmäßig verborgen gehalten wird, um eine Grenze der Information zu errichten und das Ungleichgewicht zwischen Regierenden und Regierten zu vertiefen. So wird die autoritäre Idee unterfüttert, dass der Staat verdeckt und geheim handeln dürfe; was wiederum mit demokratischen Anforderungen nicht vereinbar ist. Obwohl es schwer vorstellbar sein mag, wie der Bereich der Obskurität innerhalb des Staates beseitigt werden kann, und das Ideal der Transparenz sich leicht in weitere Verblendung verwandeln könnte, markiert Assanges Aktion, zu der er sich ganz offen bekannt hat und die er mit einem sehr hohen Preis bezahlt, ein Davor und ein Danach, indem sie dem Potenzial der Technik eine neue Bedeutung verleiht.

Für gewöhnlich führen diejenigen, die Snowden, Assange und Manning positiv beurteilen, diese als Beispiele für zivilen Ungehorsam an. Die Illegalität ihres Handelns beeinträchtigt dessen Legitimität nicht. Indem sie geheime Dokumente öffentlich machten, haben sie den Staat an Gesetz und Verfassungsnormen zurückverwiesen. Damit läge ihr letztes Ziel in nichts anderem, als die Mängel der Demokratie anzuprangern, indem sie die Gefährdungen der bürgerlichen Freiheiten aufdecken. Ein solches Urteil domestiziert jedoch letzten Endes ihre Revolte, schmälert deren Umfang und führt sie in den Schoß der großen demokratischen Kämpfe des 19. und 20. Jahrhunderts zurück.

Doch Snowden, Assange und Manning sind Symbolfiguren des 21. Jahrhunderts. Ihre Revolte geht weit über zivilen Ungehorsam hinaus. Um ihre Radikalität zu verstehen, muss man den Blick teilweise von den aufgeworfenen Problemen und den Zielen ihrer Proteste abwenden, um ihn stattdessen auf die gewählten Modalitäten zu fokussieren, die sich sodann auch in existenziellen und politischen Entscheidungen niederschlagen.[59] Dies wiederum setzt eine weitere Perspektive voraus, die in der Lage ist, jene staatlichen Grenzen zu überschreiten, die häufig auch das Denk- und Urteilsvermögen einschränken. Snowden, Assange und Manning berufen sich nicht auf das Gesetz, sondern fordern es heraus; sie wenden sich nicht an den Staat, sondern unterlaufen diesen, entziehen sich ihm. Daher replizieren sie auch nicht die konventionellen Formen des Kampfes. Vielmehr stellen sie die Architektur der Politik in Frage, indem sie die staatszentrierte Weltordnung anfechten.

Man könnte gleichwohl einwenden, dass es in der weiter zurückreichenden wie auch in der neueren Geschichte nicht an Persönlichkeiten fehlt, die das Gesetz offen herausgefordert oder sich der Souveränität des Staates widersetzt haben. Etliche von ihnen haben ihren Platz in der Literatur oder sogar in Legenden gefunden und sind Gegenstand der Untersuchungen von Soziologen, Literatur-

---

59 Vgl. dazu die Interpretation von Geoffroy de Lagasnerie, *Die Kunst der Revolte. Snowden, Assange, Manning*, übers. v. Jürgen Schröder, Berlin 2016. Dieses Buch erkennt in den Aktionen von Online-Piraten und Whistleblowern eine Neuheit demokratischer Politik, die den auf den Straßen und Plätzen ins Werk gesetzten um nichts nachsteht.

kritikern und Philosophen geworden. Es genügt, an die Rebellen von Eric Hobsbawm, die Briganten von Christopher Hill, die Schurken von Jacques Derrida, die Piraten und den »Feind aller« von Daniel Heller-Roazen zu erinnern.

Die Herausforderung von Snowden, Assange und Manning ist jedoch wesentlich anders gelagert, insofern sie sich nicht auf die Vergangenheit stützt, nicht von einer nostalgischen Ader durchzogen ist und auch nicht von einem Rebellentum getragen wird, das darum kämpft, seinen eigenen Raum zu bewahren. Auch geht es ihnen nicht nur darum, die Grundlagen und Schemata des juridischen und politischen Systems zu dekonstruieren. Vielmehr haben ihre Entscheidungen einen grenzüberschreitenden Horizont erschlossen, der neue Möglichkeiten sichtbar werden lässt.

Nicht zufällig haben die konstituierten Mächte sie nicht nur zu äußerst drastischen Strafen verurteilt, sondern vor allem versucht, sie in die Grenzen jenes Systems zurückzuführen, das ihre Aktionen in gewisser Weise unterminiert haben. Kurzum: Sie haben versucht, sie zu verantwortlichen Subjekten zu machen, indem sie ihre Handlungen entkräfteten und sogar zunichtemachten – ein Versuch, sie von Grund auf zu entpolitisieren.

Snowden und Assange haben sich im Unterschied zu Manning, die verdeckt agierte und erst später identifiziert werden konnte, nicht in der Anonymität verschanzt, sondern sind zu öffentlichen Personen geworden. Dennoch haben sie eine Praxis der Flucht ins Werk gesetzt. So wie Snowden das amerikanische Territorium verließ und sich immer wieder der Auslieferung entzieht, zog Assange von

Asyl zu Asyl und wechselte mehrfach den Aufenthaltsort. Ein solches Verhalten mag auf den ersten Blick wie das eines einfachen Flüchtenden erscheinen, der sich feige der Justiz entwindet, sich schamlos seiner Straffreiheit versichern will und deshalb sein Land verlässt, seine Heimat verleugnet. Tatsächlich wurden beide bei mehreren Gelegenheiten öffentlich beschuldigt, keine guten »Patrioten« zu sein. Es ist natürlich nicht vollkommen auszuschließen, dass sie den Konsequenzen der Strafe aus dem Weg gehen wollten. Aber ihr Verhalten sagt viel mehr aus. In ihrer Ausbürgerung und ihrem Asylgesuch ist die politische Geste einer neuen Revolte zu sehen. Die Praxis der Flucht ist eine Modalität der Abspaltung vom Staat, von der Nation, von der Staatsbürgerschaft.

Zu emigrieren, im Ausland Zuflucht zu suchen, um Asyl zu bitten, sich zu weigern, vor der Justiz des »eigenen Landes« zu erscheinen, bedeutet nicht, sich dem Gesetz zu entziehen, sondern vielmehr zu bestreiten, dass genau dies das Gesetz ist, dem zu entsprechen sei; es bedeutet, die aufgezwungene nationale Zugehörigkeit zu verleugnen. Darin ist die Besonderheit ihres Handelns auszumachen, das darauf abzielt, als »natürlich« angesehene und auch noch im Rahmen der radikalsten Debatte als selbstverständlich vorausgesetzte Themen zu politisieren. Und genau deshalb können sie auch nicht als Fälle von zivilem Ungehorsam gelten: Die Handlung der Ungehorsamen vollzieht sich stets im Inneren jener Gemeinschaft, der sie angehören und die sie, auch zum Preis ihrer eigenen Aufopferung, zu verändern und zu verbessern beabsichtigen. Die flüchtenden Überläufer*innen der neuen Revolte widersetzen sich allem anderen zuvor diesem »natürlichen« Band der Zugehörigkeit, verweigern die meldeamtliche Einschreibung in eine nationale Ordnung, geben sich nicht damit zufrieden, »ihre« Gemeinschaft zu verändern, sondern beanspruchen das Recht, die Gemeinschaft wechseln zu können. Die Flucht setzt diesen Anspruch in Szene. Das Asylgesuch geht über das Asyl hinaus und ist bereits in jener transversalen Praxis zu verorten, in jener Aktion des Überläufers, der die Grenzen überschreitet, um die nationale Architektur sowie die Ordnung der Staatsbürgerschaft demonstrativ in die Krise zu stürzen.

Sowohl Snowden als auch Assange haben sich zwar zu ihrer Verantwortung bekannt, sich jedoch nicht der Justiz ihres »eigenen« Landes anvertraut, wie es ein beliebiger anderer Angeklagter getan hätte. Sie haben sich nicht spontan den Institutionen unterworfen, sondern das Recht geltend gemacht, das Recht im Namen einer zuvorkommenden Fremdheit, die jede Zugehörigkeit aufhebt, zu verweigern. Daher die Notwendigkeit, sich von einer gewaltsamen Inklusion, von einem erzwungenen Beitritt zu befreien. In der Praxis der Flucht hallt implizit die Frage wider: Wer hat je Bürgerïnnen um eine verbindliche Verpflichtung auf ihren »eigenen« Staat gebeten? Warum sollte man zustimmen, ihm anzugehören – unter Androhung integrativer Gewalt?

Es ist diese Gewalt, die Snowden und Assange in unterschiedlichen, mehr oder minder aufsehenerregenden Formen haben sichtbar werden lassen, indem sie eine brutale Repression auf den Plan riefen, an der sich Ausmaß und Gewicht ihrer Aktion ablesen lassen. Emigration als eine Form des Kampfes stellt die Neuheit einer Revolte dar, die dazu einlädt, die nationale Aufspaltung und die staatlichen Grenzen der politischen Bühne transversal zu betrachten – und sodann zu überschreiten.

Ansässige Fremde. Die anarchische Revolte

Es ist natürlich ebenso möglich, sich zu mobilisieren, auf die Straße zu gehen und als Bürgerïnnen zu protestieren, die stolz auf ihre Verfassung und von »ziviler Leidenschaft« beseelt sind und, wie man sagt, von einem »nationalen Gewissen« geleitet werden. Die neuen Indignationen haben Protagonisten auf der öffentlichen Bühne etabliert, die zuvor nahezu abwesend waren wie etwa die Frauenbewegungen, und haben die Tür für neuartige und innovative Inhalte geöffnet, die häufig – wie im Fall der Ökologiebewegung – sogar von globaler Reichweite sind. Doch selbst die radikalsten Proteste, die sich auf Freiheit, Gleichheit und soziale Gerechtigkeit berufen und damit zur Veränderung und Erweiterung des öffentlichen Raumes beitragen, verlaufen meist in kodifizierten Formen und reihen sich in etablierte Traditionen ein.

Bezeichnend und vielsagend ist das eingesetzte Vokabular, das, wird es kritisch analysiert, etliche Subtexte und stillschweigende Vorannahmen offenbart – dieselben nämlich, die den »demokratischen« politischen Raum abstecken. In der Regel teilen Bürgerïnnen einen weit verbreiteten Etatismus im Denken, sind von einem nationalen Unbewussten durchdrungen, nehmen sich als Rechtssubjekt wahr und übernehmen die Staatsbürgerschaft als eine Selbstverständlichkeit. Dafür braucht man beileibe kein extremer Nationalist oder Souveränist zu sein. Die Berufung auf sowohl staatliche als auch nationale Zugehörigkeit findet auch anderswo ihren Widerhall, in jenen progressiven Kämpfen etwa, die im Namen verfassungsmäßiger Werte nach Reformen und gesetzlichen Veränderungen rufen. Niemand wird daran zweifeln, dass die Verfassung in bestimmten Fällen – von den Rechten der Arbeiter bis hin zur Pressefreiheit – das Schild darstellt, das als Ergebnis von Jahren und Jahrzehnten hart erkämpfter Errungenschaften stolz als ein Banner des Triumphes erhoben wird. Und doch stellen selbst jene Bürgerinnen, die gegen Diskriminierung und Rassismus kämpfen und die Öffnung der eigenen Landesgrenzen fordern, weder das »Eigentum« des Landes noch die nationale Zugehörigkeit in Frage. Im Gegenteil, sie setzen diese voraus. Dies gilt sowohl für die großen Formen kollektiver Aktionen – vom Streik bis zum Demonstrationszug – als auch für den individuellen Dissens. Auch der zivile Ungehorsam geht zwar gewissermaßen bis an die Grenze, aber nicht darüber hinaus. So endet das Engagement der Bürgerinnen schließlich damit, den Nationalstaat zu bestätigen und ihn als legitimen Raum des politischen »Subjekts« anzuerkennen. Kurzum: Die Logik des Rechts wird ratifiziert, das Kriterium der Nationalität anerkannt, das Dispositiv der Staatsbürgerschaft bestärkt und die staatszentrierte Weltordnung erhält weitere Weihen.

Anarchisch ist die Revolte, die diese Voraussetzungen aufkündigt und die *arché*, das Prinzip und die Ordnung der politischen Architektur, von Grund auf untergräbt. Die anarchische Revolte verletzt die staatlichen Grenzen, entnationalisiert die vermeintlichen Staatsbürgerïnnen, entfremdet sie der dominierenden politischen Architektur, macht sie vorübergehend zu Staatenlosen und ruft dazu auf, sich zu ansässigen Fremden zu erklären.

Das sollte nicht zu dem Missverständnis verleiten, zu meinen, Proteste, die – wie es zumeist der Fall ist – auf nationalem Territorium stattfinden, könnten diesen Kriterien nicht entsprechen, oder dass umgekehrt solche, die auf internationaler Ebene agieren und globale Ziele verfolgen, notwendig darunter fielen. Anarchisch sind vielmehr jene Mobilisierungen, die sowohl hinsichtlich der Modalitäten als auch bezüglich der Inhalte nicht den kodifizierten Formen folgen und nicht im etablierten Rahmen verbleiben, sondern auf eine andere politische Philosophie verweisen.

Im traditionellen Denken dominierte – von Hobbes bis Rawls – über Jahrhunderte das Paradigma des Vertrags, eine wirkmächtige Fiktion, die darauf abzielt, eine staatliche Bindung zu legitimieren und eine geschlossene Gemeinschaft zu rechtfertigen. Als hätte jede Bürgerïn, um zu einer solchen zu werden, wirklich aus freien Stücken eine Vereinbarung geschlossen. Zudem – eine Fiktion innerhalb der Fiktion – wird dieser Vertrag zeitlich ausgeweitet und vom Vater auf den Sohn übertragen; die Geburt genügt als Unterschrift, um dem Vaterland anzugehören und in die Nation einzutreten. Diese skurrile Idee, die gewaltigen Einfluss ausüben konnte, führt zu dem Glauben, dass es eine natürliche Gemeinschaft geben könne und müsse, die sich von den anderen unterscheidet und durch abgeschottete Grenzen eingehegt wird.

Nicht minder skurril erscheint, dass diese Grenzen auch die Grenzen der politischen Philosophie markieren, die den Vertrag als solchen nicht in Frage stellt und sich an einer Gemeinschaft orientiert, die durch Geburt begründet wird und stets bereit ist, ihre souveräne Integrität zu wahren. Die Formen der Regierung können variieren – und dies sehr stark. Darum kümmert sich die politische Theorie, die hingegen die Grenzen aus ihrer Reflexion ausklammert und den Knoten der Zugehörigkeit ausspart, um sich auf die gute Verwaltung der Stadt zu konzentrieren. Der paradigmatische Fall hierfür ist Rawls' Theorie der Gerechtigkeit. Es ließen sich aber noch etliche andere, sich im selben Kielwasser bewegende Beispiele anführen. Bedeutsam sei allein, die innere Organisation zu verbessern, Gesetze zu reformieren, Effizienz zu steigern, die deliberativen Instrumente zu modernisieren, friedliche Koexistenz unter Achtung von Minderheitsrechten zu gewährleisten, kurzum: die Demokratie weiter zu demokratisieren. Doch hütet sich diese politische Theorie davor, den demokratischen Raum über die Grenze hinaus auszudehnen und die Zugehörigkeit in Frage zu stellen. Die Bürgerïnnen, wie sie hier ins Auge gefasst werden – insgeheime Nationalistïnnen – , halten solche Fragen für völlig unangebracht.

Politische Theorie kann sich indes nicht auf die Organisationsformen der *pólis* beschränken, ohne zugleich die Art und Weise zu untersuchen, zu diskutieren und zu kritisieren, in der sich die *pólis* selbst konstituiert; sie kann ihren Blick nicht auf das Innen konzentrieren und dem

Außen den Rücken kehren. Als wären Grenzen ein für alle Mal festgelegt, als wäre eine durch genetische Abstammung definierte Gemeinschaft selbstverständlich. Diese Fragen werden als natürliche Gegebenheiten hingenommen und damit aus der Politik verdrängt, oder besser: sie werden entpolitisiert. Dies geschieht systematisch. Dann jedoch beruht eine politische Theorie auf einer nicht-politischen Grundlage.

Die Unantastbarkeit dieser Grundlage zurückzuweisen und damit die Zugehörigkeit zu politisieren, heißt auch, das Verbot, die vom Staat auferlegte Bindung aufzulösen, in all seiner Zwangsgewalt zu hinterfragen.[60] Neben dem Ausschluss und sogar der Verbannung schließt die staatliche Macht ein und vereinnahmt. Sie markiert und unterscheidet das Außen vom Innen. Wenn auch auf andere Weise, wird auch auf die Bürgerïnnen Zwang ausgeübt – eine integrierende Form von Gewalt. Als Rechtssubjekt genießen die Bürgerïnnen zwar Schutz und Freiheitsspielräume, aber dem noch zuvor werden sie von der politisch-juridischen Ordnung ergriffen, ohne dass ihnen eine Wahl geblieben wäre. Der Staat hat ihn gewaltsam eingeschlossen. Der Zwangscharakter dieses Verhältnisses verbleibt im Schatten. Und doch tritt er deutlich in den verschiedenen Verboten und den zahllosen Beschränkungen zutage, denen die Bürgerïnnen unterworfen sind. Dieser ist gezwungen, vorbehaltlos den Ort anzunehmen, der ihm durch die Willkür der Geburt zugedacht ist, einen Ort mithin, den er als zu verteidigendes Eigentum, als zu bewah-

---

60 Vgl. Giorgio Agamben, *Homo sacer. Die Souveränität der Macht und das nackte Leben*, übers. v. Hubert Thüring, Frankfurt/M. 2002.

rende Identität anzuerkennen hat. Von dort aus muss er sich gemäß der Logik der Zurechnung und der persönlichen Verantwortlichkeit auch für das verantworten, was ihn nicht betrifft, was ihn nicht involviert, für das er sich weder als Schuldiger noch als Mittäter erkennt, ja demgegenüber er sich maßgeblich unbeteiligt und fremd fühlt. Diesem Ort zugewiesen, wird er jedes Mal von neuem zur Ordnung gerufen, wenn er sich von ihm loszulösen versucht.

Wird Flucht ausreichen? Wie und wohin? Es besteht kein Zweifel mehr, dass Flucht eine Form des Kampfes ist und als solche anerkannt werden muss. Innerhalb der Bandbreite der Revolte bildet sie das gegenteilige Extrem zum Ungehorsam. Außerhalb aller Ethik des Märtyrertums verlässt der Überläufer im außermoralischen Sinne den ihm zugewiesenen Platz in der staatszentrierten Ordnung, suspendiert seine nationale Einschreibung, ent-identifiziert und ent-involviert sich und stellt damit die Zugehörigkeit selbst in Frage. Die Whistleblowerïnnen, die zusammen mit dem von ihnen ausgelösten Durchsickern der Nachrichten entfliehen, sind keine Verräterïnnen, die anderswo Zuflucht suchen, sondern Aufständische, die mit ihrer Entscheidung offen die politische Architektur anfechten. Daher besitzt die von Snowden und Assange verfolgte Praxis einen symbolischen Wert und entspricht zugleich der Forderung nach einem Recht auf Flucht. Es trifft jedoch ebenso zu, dass diese Ausbürgerung in ein – bisweilen und vorerst – wiederholtes Asyl mündet, und vor allem, dass beide Überläufer schließlich ohne jeden Ausweg im System der Staaten gefangen bleiben. Die individuelle Herausforderung dieser souveränen Macht erscheint außerordentlich spektakulär und dennoch auch ausgesprochen abstrakt.

Man kann den Eindruck gewinnen, dass Flucht als Modalität des Protestes der Phantasie derjenigen entspringt, die es gewohnt sind, sich im dislozierten und delokalisierten Raum des Internets aufzuhalten, der aus einer äußeren und zur staatszentrierten Ordnung alternativen Perspektive dazu beiträgt, den Zusammenhang der Zugehörigkeit zu dekonstruieren, und zwar mit einer ähnlich disruptiven Wirkung, wie sie die Migration erzeugt. Darin liegt das enorme Potenzial der Technik. Jene schier grenzenlose Freiheit, die derjenige erlebt und erprobt, der im Netz surft, kann jedoch zu dem Glauben verleiten, man könne sich leicht über Staatsgrenzen und nationale Beschränkungen hinwegsetzen, zu Lande wie zu Wasser. Das wäre, als verwechselte man das *jus migrandi* mit einem Recht auf Flucht. Migration ist indes keine einfache Bewegung, sondern ein komplexer Ortswechsel, der sich in der steten Begegnung mit dem Fremden vollzieht. Wer emigriert, bittet nicht darum, sich frei auf dem Planeten bewegen zu können, sondern hofft darauf, endlich willkommen zu sein und aufgenommen zu werden. Die seinige ist eine existenzielle und politische Geste, der eine subversive Aufladung innewohnt.[61]

Womöglich haben auch die Lazzi Pulcinellas, seine Gesten des Spotts, nicht allzu lange Bestand. Es reicht nicht aus, sich loszulösen, sich loszusagen, zu befreien, sich als staatenlos zu betrachten. Es geht schließlich nicht

---

61 Vgl. Donatella Di Cesare, *Philosophie der Migration*, übers. v. Daniel Creutz, Berlin 2021.

darum, als Staatenlose zu fliehen, sondern als Fremde ansässig zu sein. Andernfalls liefe die Staatenlosigkeit Gefahr, sich an den Rändern der Stadt niederzulassen, ebenso wie das nackte Leben des Migranten in den apolitischen Abgrund der Bidonvilles abglitte. Nur wenn der Staatenlose – anstatt sich der umherirrenden Wanderschaft zu verschreiben – seine Fremdheit gegenüber der *pólis* anerkennt, die ihn mit dem Fremden vereint, wird ein anderes Zusammenwohnen möglich.

Barrikaden in der Zeit

Ende der Utopie, Ende der großen Erzählungen, Ende der Geschichte – verschiedene Formeln, um die Herrschaft der Gegenwart zu sichern und zu ratifizieren, eine Zeit, die der Versprechungen beraubt und in den gewöhnlichen Lauf der gesättigten Immanenz zurückgeführt wird, die Zeit der Enteignung. Diese absolute Gegenwart, die von der unangefochtenen und ungerechten Herrschaft des Konsums und der Kommunikation – dem Präsentismus – besetzt ist, wurde als notwendiger Abschied von Illusionen und Irrtümern, von Verlockungen und Trugbildern gepriesen. So konnte die fortgesetzte Serie der Dringlichkeiten Raum greifen, während sich der Kapitalismus, der keine Zweifel an seiner eigenen Ewigkeit hegt, als letzter Hafen aller überhaupt möglichen Reisen ausgibt.

Diese beherrschende Zeit, die Zeit der Beherrschung, konnte sich verewigen, indem sie jeden Schock abfederte, jeden Dissens wieder in sich aufsaugte, ihn mitunter sogar zum Motor ihrer eigenen Reproduktion gemacht hat. Sie hat mit seiltänzerischer Meisterschaft gespielt, sich mit transformatorischer Akrobatik hindurchmanövriert, indem sie sich einerseits in den Kreislauf der Wiederholung hinein entfaltet und andererseits eine stete Abwärtsspirale suggeriert. Während sie so den offiziellen Optimismus verbriefte, begrüßte und unterstützte sie gleichzeitig einen nützlichen Katastrophismus. Auf diese Weise wurden die Hoffnungen auf Befreiung entleert und auf entzauberte Appelle an die Ordnung der Dinge reduziert oder aber in düstere Prophezeiungen des endgültigen Desasters umgewandelt.

Man stellte sich vor, dass sich diese absolute Gegenwart endgültig von den in der Vergangenheit aufbewahrten Erlösungserwartungen, von dem für die Zukunft gehegten Streben nach Gerechtigkeit gelöst hatte. Man bildete sich ein, die seismischen Brüche, die vielfältigen Risse und Klüfte ignorieren zu können. Doch die subversive Energie brodelte weiterhin im Untergrund. Die Geschichte erwacht nur deshalb nicht wieder, weil sie nie eingeschlafen ist.

In einem bekannten Text sprach Benjamin von jenen Augenblicken, welche die kontinuierliche und homogene Zeit – die der Sieger – aufsprengen und erblickte deren Symbol in den Aufständischen, die unabhängig voneinander und an mehreren Orten auf die Turmuhren schossen. In dieser Anekdote ist neben der Aufsprengung der Zeit vor allem die dadurch eröffnete Bresche bedeutsam, durch die eine andere Zeit hindurchscheint. Nicht nur ist diese anders getaktet. Ihr eignet eine anarchische Vertikalität sowie eine poetische Tiefe. Sie durchbricht die einseitige Zeitachse, zerschlägt die Kette von Ursachen und Wirkungen. Denn, so erklärt diese Philosophie, während die Geschichte rekonstruiert, wie die Ereignisse verlaufen sind, eines nach dem anderen, erzählt die Poesie davon, wie sie verlaufen könnten, erfasst ihre Möglichkeit. Von dieser Kette emanzipiert, von dieser Last befreit, kommt einem jeden Augenblick plötzlich eine Bedeutung zu, die er vorher nicht besaß. Von dort, von diesem Augenblick, von diesem einen Punkt aus kann alles jederzeit wiederbeginnen – in ungeahnte Richtungen und unerwartete Zusammenhänge hinein. Der jeweilige Augenblick verbindet sich frei mit anderen Augenblicken, verbündet sich mit denen, die in der Vergangenheit verloren schienen, kommt mit denen überein, die aus der Zukunft hereinbrechen, schließt sich fest mit ihnen zusammen. Die Dramaturgie der beherrschenden Zeit bekommt Risse, ihre Intrige löst sich auf, während sich die Möglichkeit einer anderen Handlung abzeichnet. Es genügt, an einem beliebigen Faden zu ziehen, und das gesamte Gewebe von Ungleichheiten, das die von Profit regierte globale Ordnung bildet, löst sich auf und zerfasert.

Das Ereignis der Revolte unterbricht die Zeit, konterkariert die Agenda der Macht, bringt die Routine der Enteignung zum Stillstand, lässt die Geschichte aus den Fugen geraten. Die Revolte bricht unvorhergesehen und unvorhersehbar aus, ohne Grund, ohne Anlass, jedoch ihrer eigenen Logik folgend, die darin besteht, den konstituierten und etablierten Rahmen zu sprengen, in dem die Gründe der Ordnung durchgesetzt werden. Es wäre ein Fehler, sie vom Standpunkt der Geschichte aus zu beurteilen, denn das hieße, sie an der langfristigen Strategie der Evolution zu messen, sie auf die einsinnige Achse zu projizieren und sie im Raster der beherrschenden Zeit zu vereinnahmen, wo sie schließlich als ein ephemerer Vorfall erscheint. Die dialektische Versuchung liegt darin, sie auf eine Etappe zu reduzieren, auf ein ungewisses Stadium, eine instabile Stufe hin zur souveränen Vollendung. Wird sie nach diesem Kriterium klassifiziert und, wie auch Alain Badiou verfährt, zwischen einer unmittelbaren, latenten oder historischen Form unterschieden, unterliegt man erneut der Gefahr, fiktive Unterteilungen einzuführen, die Revolte zu unterlaufen und sie zu entpolitisieren. Dieses dialektische Denken haushaltet – wie bekannt – mit dem Sprung, berücksichtigt den Bruch nur im Hinblick auf den übergeordneten Prozess. Doch die Zeit der Revolte, diskontinuierlich und intermittierend, ist immer auch eine Revolte der Zeit.

Warum die Straßensperre, warum ein Flashmob, warum einen Platz besetzen? Die Linie, die vom Pathos zur Praxis reicht und die Ordnung von Orten und Identitäten unterbricht, verläuft nicht nur im Raum. Es handelt sich ebenso um eine in der Zeit errichtete Barrikade. Schon das Wort Besetzung [occupazione; auch: Beschäftigung, Tätigkeit, Beruf] spielt in seinen vielfältigen Bedeutungen auf die Art und Weise an, wie die Zeit eingesetzt und genutzt wird. Ob an Knotenpunkten der Warenströme, in regulierenden Kreisverkehren oder auf den Plätzen der neuen verstreuten Massen – die Zeit der beschleunigten Prekarität, der prekären Beschleunigung wird unterbrochen und zum Stillstand gebracht. Diese Barrikade in der

Zeit kann unterschiedliche Formen annehmen: von der explosiven Verflechtung von Masken und Müllcontainer über die empörte Unbeweglichkeit des Standing Man, des türkischen Tänzers, der aus Protest stundenlang stillstand, bis hin zu vielen anderen künstlerisch-politischen Performances.

Es handelt sich nicht nur um eine kurze raum-zeitliche Sezession. Was die Ursache für das Leiden eines Einzelnen war, bekommt eine andere Sichtbarkeit, nämlich die der Ungerechtigkeit. Die Revolte entfremdet, bringt die gewohnte Ökonomie auf Abstand und wirft neues Licht auf sie. Die Dinge sind gleich, aber nichts scheint mehr zu sein wie zuvor. Das ist die Anachronie der Revolte: Sie ist dem Szenario, dem sie eingeschrieben ist, wesensverwandt und eröffnet mit ihren Rauchbomben, ihrer Euphorie und den Masken einen Durchblick im Dunst der Gegenwart.

Die Revolte grenzt an das Fest. Analog verhalten sich die karnevalesken Gesten der Überschreitung, die Umkehrung der Rollen, die Aufhebung der Ordnung. Ganz zu schweigen von der Maske, die seit der Antike Bühne und Straße miteinander verbindet. Das Fest kommt einem bereits des Öfteren beschriebenen Ausnahmezustand gleich. Die Macht kennt keine Feste; sie hat Zeremonien, Jubiläen, Staatsakte, Gedenkveranstaltungen, mehr oder weniger spektakuläre Riten, mit denen sie sich zu legitimieren versucht. Sie kann indes nicht die Wut der rebellischen Emotion oder die Freude der subversiven Explosion anordnen. Das Fest beschränkt sich aber nicht auf Überschreitung und Exzess. Gerade dort, wo es sich der Revolte annähert, zeigt es den utopischen Zug einer befreiten Lebensform. Dem Sklaven ist es nicht erlaubt, einen Tag lang – beispielsweise zu den römischen Saturnalien – den Herrn zu spielen, um sodann zur üblichen Arbeit als Sklave zurückzukehren. Das Fest ist Trennung: Es hält nicht nur die gewöhnliche und alltägliche Zeit an, sondern es eröffnet eine andere. In dieser anderen Zeit werden die Regeln nicht einfach aufgehoben; vielmehr wird jene Verbindung zwischen Mittel und Zweck durchbrochen, welche die übliche Produktivität der Tage kennzeichnet, und das Handeln wird von der Ökonomie der Zwecke befreit.

Auf diese Weise – jedoch mit einer deutlich akzentuierten politischen Bedeutung – bringt die Revolte nicht nur das Gewöhnliche und die Gewohnheit auf Distanz, sondern ruft auf zu einer anderen Art und Weise, die Zeit zu bewohnen. Sie beschwört die gemeinsame Geschichte, damit sie nicht gleichgültig und unerschütterlich entgleitet. Als Labor der Befreiung und Zeit der Erlösung, die, während sie von alten Zwängen entbindet, auf neue Weise verbindet, die, während sie entfremdet, vereint, ist die Revolte weder Rückzug vor der historischen Zeit noch flüchtiges Mittel im Hinblick auf ein höheres Ziel. Vielmehr ist sie ein anarchischer Übergang in einen Zeitraum, in dem das Übermorgen nicht nur evoziert, sondern in der Befreiung von Ort, Identität und Zugehörigkeit sowie in der Überschreitung nationaler und staatlicher Grenzen, in der Aussetzung der politischen Architektur, bereits gelebt wird.